# 뉴욕 변호사, 기획을 만나다

뉴욕 로펌의 1년을 1시간에 경험한다

# 뉴욕 변호사, 기획을 만나다

뉴 욕  로 펌 의
1     년     을
1  시  간  에
경  험  한  다

장준환 지음

한스컨텐츠

# 차례

## Pre-Game Interview 경기 전 인터뷰

## Warming-up 워밍업

## 1Quarter 첫 번째 쿼터

## 2Quarter 두 번째 쿼터

## 3 Quarter 세 번째 쿼터

## 4 Quarter 네 번째 쿼터

## Post-Game Interview 경기 후 인터뷰

경기 전 인터뷰 Pre-Game
Interview

*entertain-*
*ment*
BUSINESS
LAW

읽 기 에  몰 입 한  변 호 사

법정에서의 업무는 늘 비슷하게 시작된다. 오전 8시 45분, 법정 문이 열린다. 나는 서둘러 법정 안으로 들어가 인사를 건넨다.

"Good morning, officer."

"Good morning, counsel."

한국에서 고등학교까지 마친 나로서는 미국 법정, 그것도 형사 법정에서 직접 소송을 진행하는 단계에 오르기까지 수많은 노력을 기울여야 했다. 언어 문제가 특히 어려웠다. 논리정연하면서 인상 깊은 영어를 구사하며 배심원들을 설득해야 하기 때문이다.

미국 내의 한인 변호사 중 영어를 모국어로 쓰지 않는 사람들은

뉴욕 형사 법원

언어 문제 때문에 직접 소송을 진행하기가 쉽지 않다. 그래서 주로 서류를 다루는 일을 담당하고 소송은 네이티브 스피커인 한국계 변호사를 따로 고용하거나 외국 변호사에게 대행시키는 경우가 많다. 피나는 노력을 거치긴 했지만 미국 형사 법정에서 직접 소송을 이끌어가는 몇 안 되는 한인 변호사 중 하나가 된 것은 큰 행운이라 느껴진다.

미국 법정의 모습은 〈Law & Order〉 등의 미국 드라마나 영화를 통해 한국인들에게도 친숙할 것이다.

"Here is my notice of appearance."

나는 법원 관리에게 서류를 제출하며 어떤 사건을 처리하기 위해 법정에 왔는지를 알린다.

미국 형사 사건에서 법원이 정한 날짜에 피고와 변호인이 법원에 출석하지 않는다면 판사나 법원의 체포영장이 발부된다. 만약 시간이 지나서 사건을 처리하려면 이 체포영장을 먼저 해결해야 한다.

"2007?"

시간이 꽤 지난 사건이라 법원 관리가 되묻는다.

"Yes, officer."

내가 대답한다.

"That's 8 years ago. Now you want me to find this case."

법원 관리가 곤혹스러워한다.

"I am sorry to tell you that. But That is what I am asking"

내가 유감을 표시하면서 정중히 요청한다.

"I can try to find it but I do not think judge entertains this case"

"Well. Please. I will see what I can do after you bring the case file"

시간이 지난 사건 파일은 대부분 창고에 따로 보관하는 것이 관례다. 그래서 사건 파일을 찾는 일은 꽤 번거롭고 시간이 오래 걸린다. 나는 미안한 마음이 들어 한국식 목례를 하고 서둘러 내 자리로 향했다.

법정 안에서 첫 번째 줄은 변호사만이 앉을 수 있다. 의뢰인과 함께 법정에 들어가더라도 이것은 마찬가지다. 변호사는 앞줄에 앉아 필요한 경우 검사와 법원 관리 또는 사무원들과 의사소통을 한다. 의뢰인은 두 번째 줄부터 앉는다.

내 자리에 앉은 후부터는 기다림의 시간이다. 사건에 따라 보통 한 시간에서 한 시간 반 정도를 기다려야 차례가 온다. 만약 8년쯤 지난 사건이라면 반나절 이상을 기다리기도 한다. 하지만 이 시간에 사건 파일을 들여다보지 않는다. 아주 복잡한 사건을 제외하고는 경력을 쌓은 변호사가 사건 파일을 법정에 와서까지 검토하는 경우는 매우 드물다.

다행히 기다림의 시간의 지루함을 달랠 기회가 있다. 미국 법정이 변호사에게 제공한 특권 때문이다. 변호사들은 법정 맨 앞줄에 앉아 스마트폰을 사용할 수 있다.

변호사가 기다리며 시간을 떼우는 방식은 크게 세 가지다. 스마트폰으로 게임이나 웹서핑을 하거나 멍하니 앉아있거나 끊임없이 주위 사람들에게 말을 시킨다. 나의 경우는 첫 번째였다. 법정에서 나의 기다림은 이렇게 무의미하게 소진되는 중이었다.

그러던 어느 날이었다. 문득, 의미 없이 보내는 기다림의 시간이 무척 아깝다는 생각이 들었다. 어쩔 수 없이 한 시간이 허공에서 사라져야 한다면 더 생산적인 것으로 채울 수 있지 않을까? 어차피 흐를 시간이라면 제대로 활용하는 게 옳다.

그래서 나는 이것저것 시도해보았다. 그리고 시행착오를 여러 번 거친 끝에 몇 가지 방법을 찾았다. 가장 확실한 대책은 '정답을 찾을 수 있는 글을 읽는 것'이었다. 이른바 맞춤형 독서법이다! 이것은 한 시간의 허비를 막을 수 있는 유용한 습관이었다.

하지만 읽는 글의 내용이 길고 복잡하다면 적절하지 않았다. 며칠에 걸쳐 읽어야 한다면 법정을 벗어나 로펌으로 돌아가면 그 내용을 잊어버리기 십상이었다. 적당히 기억하면 결국 연결성이 떨어질 수밖에 없으니 말이다. 다시 그 글로 돌아왔을 때 처음 샘솟던 궁금증이 사라지는 단점까지 생겼다. 결국 읽던 주제를 정리하지 못하고 다른 주제의 글로 넘어가는 경우도 생겼다.

이런 일을 겪으며 기다리는 동안의 독서 규칙을 세우게 되었다. 한 챕터를 한 시간 안에 읽지 못한다면 그 글은 다시 보지 않겠다는 마음으로 읽는 것이다. 그러기 위해서는 조건이 두 가지 있다. 준비한 책이나 글이 짧고 굵은 챕터로 구성되어야 하고, 그 챕터마다 뭔가 하나씩 머릿속에 남길 수 있어야 한다. 나는 이 두 가지 요건에 따라 읽을거리를 고르고 집중해서 읽었다.

법정에서 기다리는 시간 동안의 독서는 전공 서적을 읽는 것이 아니라 지식의 다양성을 넓히기 위한 것이다. 그래서 이 두 규칙을 철저히 따르기로 했다. 그러자 놀랍게도 법정에서 허비하던 나의 한 시간이 특별함으로 채워지기 시작했다.

나는 법정의 맨 앞줄에 앉아 미리 준비한 책이나 출력해온 글들을 읽기 시작했다. 앞에 말한 두 가지 규칙을 지켜서 읽노라면 이 행위는 꽤나 치열해졌다. 어쩌면 그것은 나와의 게임이었다. 그렇게 법정에서 나와 싸우는 또 다른 게임이 시작되었다. 이 짧은 시간 동안 벌어지는 게임은 항상 흥미 그 자체였다.

이 게임은 매우 놀라운 결과를 낳았다. 기다리는 자투리 시간에 짧고 집중력 있게 독서하기 시작한 이후 나는 수십 개의 재판에서 단 한 건의 패소도 겪지 않았다. 물론 모든 읽기가 효과적인 건 아니었다. 한 시간 안에 답을 찾지 못하고 다시 가방에 넣어버리는 출력물과 책도 있었다. 그러나 집중력 있는 읽기는 차곡차곡 지식의 탑을 쌓아갔다. 그리고 나의 내면세계를 더욱 단단하게 만들었다. 그러는 동안 내 키보다 높고 내 심성보다 튼튼한 탑을 쌓았기에 승소율을 높일 수 있었으리라 생각한다. 공든 탑이 무너지지 않는다는 우리 속담의 진정한 의미를 깨달을 수 있었다.

그리고 집중력 있는 읽기를 통해 지식과 정보만 축적한 것은 아니다. 짧은 시간 안에 최대한 집중력을 발휘하며 문제를 해결하겠다는 치열함을 훈련한 것이 더욱 가치가 있었다. 이후 이어진 승소 행진은 이 치열함의 산물이 아닐까 생각해본다.

나는 한국에서 고등학교를 졸업하고 보스턴 대학교Boston University 에 진학했다. 그리고 정치학 학부 과정을 마친 후에 곧바로 로스쿨 에 도전했다. 하지만 첫 도전에서 좌절을 맛보고 말았다. 실패를 전 혀 예상하지 못했던 나는 충격에 빠졌다.

하지만 오랫동안 절망에 빠져 있을 수는 없었다. 다시 마음을 추 스르고 어떤 공부를 더 하는 것이 로스쿨 입학에 도움이 될지를 살 펴보았다. 변호사가 되겠다는 바람이 확고하게 내 마음속에 자리 잡았기 때문이다.

그러던 중 학부 때 마지막 정치학 수업이었던 공공정책학의 마지 막 챕터가 떠올랐다. 바로 범죄학이었다. 공공정책학 수업에서는 범 죄학을 중요하게 다루지 않았다. 교수님도 가볍게 개념 설명만 하 셨고 그렇게 범죄학 강의가 마무리되었다.

하지만 어떤 운명의 끈이 당겼는지 나는 자연스럽게 범죄학으로 석사 학위를 받아야 결심을 굳히고 있었다. 아마도 어린 시절부터 할아버지를 따라 형사 법정에 가곤 했던 기억이 작용했는지도 모

보스턴 대학교

른다는 생각이 들었다. 그렇게 범죄학 석사 과정 지원과 입학이 확정되었다.

운명일지 모른다는 어렴풋한 호감이 내 결심을 이끌긴 했지만 범죄학은 낯선 과목이었다. 두려움과 설렘이 내 마음에서 교차했다.

나는 마음속의 두려움을 없애고 빠른 적응을 하기 위해서 개강을 1개월 앞두고 범죄학과를 먼저 방문했다. 여러 교수님께 인사를 드리며 조언을 들었다. 교수님 한 분과 이런저런 화제로 대화를 나누던 중 여자 교도소에서 일하던 석사 과정 학생 한 명이 갑자기 그만두었다는 이야기를 들었다. 문득 교도소라는 공간이 범죄학이라는 낯선 세계에 가장 빨리 적응하는 길이라는 생각이 내 머리를 스치고 지나갔다.

'범죄학 석사 과정 학생이 교도소에서 근무했었다면 나도 가능성이 있는 건 아닐까?'라는 생각이 들자 교수님께 바로 질문했다.

"저도 교도소 일을 할 수 있을까요?"

그로부터 일주일이 지나 나는 보스톤 대학과 MCI 프래밍햄 교도소Massachusetts Correctional Institution-Framingham가 공동 운영하는 재소자 교육 프로그램Prison Education Program의 연구원Graduate Researcher으로서 MCI 프래밍햄 교도소로 출근하게 되었다. 범죄학 석사 과정을 밟으며 또 교도소 일을 하며, 1년여의 시간이 정신없이 지났다. 그리고 그토록 바라던 로스쿨의 꿈이 이루어졌다. 절망하지 않은 재도전 끝의 성과였다.

범죄학을 전공하고 교도소에서 일한 경험은 큰 의미가 있었다. 이 경력은 로스쿨에 다니면서 검찰 쪽에서 인턴을 하는 계기가 되었다. 또한 형법과 이민 분야의 전문 변호사가 되는 데까지 이어졌다. 내가 맡은 첫 소송 역시 형법과 이민 관련 사건이었다. 우연에 우연이 쌓여 이루어진 운명이 아니었을까?

### 비즈니스 · 예술 · 엔터테인먼트와의 만남

변호사로서 형법과 이민법 관련 업무를 열심히 진행하던 중에 우연히 한 중견기업의 형법과 이민법 케이스를 맡게 되었다. 나는 그 케이스들을 성공적으로 해결하며 그 기업의 비즈니스 케이스까지 맡게 되었다. 비즈니스 변호는 생소했지만 그만큼 흥미가 솟아났다. 열의를 가지고 케이스를 해결했다.

이 일을 계기로 그 중견기업의 이웃 회사가 나에게 케이스를 의뢰했고, 그 이후 비즈니스 관련 케이스가 꼬리를 물고 들어오면서 비즈니스 변호사로서의 커리어를 쌓게 되었다. 그러던 중에 나는 한 패션 회사의 변호 업무를 맡았다. 계약과 지적재산권에 관련된 케이스였다. 그 회사의 상표Trademark, 저작권Copyright, 라이선싱licensing, 디자인 특허Design Patent 등의 케이스를 해결했다. 그 이후 패션, 디자인, 보석 등을 다루는 기업들이 내 의뢰인이 되었다. 예화랑과의 만남은 이런 인연으로 시작되었다. 인연의 흐름은 신비로웠다. 어느새 내가 자연스럽게 예술과 엔터테인먼트 쪽 영역까지 들어선 것이다.

그런데 여전히 나를 형법 변호사로 기억하시는 분들이 많았다. 초기 전문 영역이었기 때문이다. 그래서 종종 형법 관련 사건도 맡아서 진행하곤 했다.

시간을 거치며 나의 업무 영역은 넓어져 있었다. 형법과 이민법, 비즈니스와 예술, 엔터테인먼트에 이르기까지 말이다. 이렇게 업무가 늘어나면서 출장도 많이 다니게 되었다. 물론 한국 출장 기회도 자주 있었다.

한국 출장 때마다 나는 지하철의 위력을 깨닫곤 했다. 내가 바쁜 일정을 무리 없이 소화할 수 있었던 데는 지하철의 도움이 컸다. 가고 싶은 곳에 제시간에 정확히 내려주는 고마운 이동수단이기 때문이다.

그런데 내가 기억하는 한국의 지하철 풍경은 '스마트폰'으로 요약된다. 앉은 사람이든 서 있는 사람이든 대부분 스마트폰에 몰입하고 있었다. 스마트폰으로 뉴스를 보거나 웹서핑을 하거나 게임을 즐겼다. 이어폰을 끼고 동영상을 보거나 단체 대화방에서 서로 대화를 나누는 모습도 흔했다. 스마트폰을 꺼내 들지 않은 사람들은 멍하니 앉아 있거나 짧은 잠을 청하는 게 대부분이었다.

미국의 대도시, 특히 뉴욕 같은 곳에서는 출퇴근에 걸리는 시간이 보통 1시간을 넘는다. 나도 마찬가지다. 길이 좀 막힌다 싶으면 집에서 뉴욕의 회사까지 1시간 20분 가까이 걸린다. 한국의 수도권 출퇴근 시간도 크게 다르지 않다. 1시간이 넘는 게 기본이다.

나는 의문이 들었다. '결코 짧지 않은 출퇴근 시간이 단지 스마트폰을 이용한 킬링 타임으로 소모되는 게 바람직한가?' 지하철로 이동하는 사람들이 그곳에서 머무는 시간을 모두 합한다면 어마어마할 것인데 말이다. 내가 법정에서 기다림으로 시간이 허비되는 것에 대해 문제의식을 품었던 것과 마찬가지의 생각이었다.

법정의 맨 앞줄에서 자투리 시간 동안 집중해서 책을 읽던 경험을 떠올려 한국의 지하철 풍경과 겹쳐보았다. 그러면서 나는 책을 써야겠다는 생각을 어렴풋이 했다. 그리고 그 책은 한 시간에 집중에서 읽을 수 있을 만큼 짧고 분명했으면 좋겠다고 생각했다.

내가 법정에서 그랬듯이, 사람들이 짧은 시간에 읽으면서 자신의 지적 발전을 위해 작지만 치열한 게임을 펼칠 기회를 갖기를 바란다. 이런 짧은 시간의 게임이 쌓이고 쌓여서 발전을 이룬다면 더할 나위 없이 바람직할 것이다. 내가 그것에 작게나마 기여할 수 있기를 바란다.

나는 이 구상을 실천에 옮기기로 했다. 내가 법정에서 했던 게임의 룰이 그대로 적용된 짧고 집중력 있는 책을 쓰기로 했다. 한 시간 안에 한 권을 읽을 수 있는 것을 목표로 했지만 현실적으로 무리가 따를 것 같다. 그래도 집중력을 최대한 발휘하는 길지 않은 시간이라는 의미는 그대로 지켰다.

그리고 이슈에 대한 답은 간결하고 정확해야 한다. 또한, 자투리 시간에 부담 없이 읽을 수 있어야 하니 전개가 무겁지 않아야 한다. 이 책은 나의 독특하지만 의미 있는 경험이 많은 사람에게도 이어지길 바라는 마음이 담겨 있다. 내가 로펌에서 치열하게 일한 1년을 한 시간의 읽을거리로 압축해서 전달하는 것이다.

치 열 한   책   읽 기   게 임

이 책의 구성은 익숙하지 않을 것이다. 이 역시 나의 독특한 경험과 취향을 반영한 것이다. 나는 농구를 즐긴다. 직접 뛰는 것도 좋아하고 경기 관람도 좋아한다. 이 책의 구성은 농구에서 따왔다. 농구는 4쿼터로 구성되지만 프로경기에서는 경기 전 절차가 있다. 게임 전 인터뷰를 하고 워밍업도 한다. 경기가 끝난 후에도 게임 후 인터뷰가 있다. 이 책은 이것을 반영했다.

먼저 게임 전 인터뷰Pre-Game Interview는 글을 쓰는 사람이 누구인지, 왜 글을 쓰게 되었는지 독자와 커뮤니케이션을 위한 최소한의 소개이다.

다음으로 본 게임에 앞서 워밍업Warming-up이 있다. 여기서는 어떤 주제가 어떤 상황에서 왜 선택되었는지를 이야기한다.

그리고 4쿼터의 본 게임이 진행된다. 각 쿼터는 백남준 기획을 맡기로 한 2015년 6월말부터 1년여 동안 로펌의 시간을 대략 3개월 정도로 끊은 것이다.

마지막 게임 후 인터뷰Post-Game Interview로 글 전체를 마무리했다.

나는 집중적으로 글을 읽는 행위를 하나의 게임으로 보았다. 그래서 흔히 쓰지 않는 방식이지만 농구 게임의 구성을 그대로 쓰기로 했다.

이제 자기 자신과의 작은 게임을 시작해보자. 얇고 가벼운 책이다. 이해하기 어려운 내용도 없다. 하지만 적은 분량의 쉬운 내용이라 할지라도 그것을 온전히 자신의 것으로 소화하는 건 결코 호락호락한 일이 아니다. 이 치열한 게임에서 이긴다면, 변호사가 경험한 비즈니스 기획의 세계를 들여다보며 비즈니스 설계와 성공을 위해 꼭 필요한 지식들을 얻을 수 있을 것이다.

우연히 이 책을 접한 여러분이 치열한 게임을 통해 이 책을 좋은 인연으로 기억하기를 바란다. 자 시작하자. 겁내지 마시길. 시작했다면 당신은 이미 반 이상 도착한 셈이다!

entertain-
ment
BUSINESS
LAW

가슴이 시키는 일

나는 형법과 이민법 사건으로 변호사 업무를 시작했는데, 얼마 지나지 않아 패션과 문화예술 기업의 법률 업무도 함께 맡게 되었다. 그러면서 관련 기업 경영자들과의 교분이 점점 넓어졌다. 예화랑 김방은 대표님과도 그즈음에 인연을 맺기 시작했다.

예화랑은 한국 미술계에서 선구자적인 기관으로 꼽힌다. 한국에 상업 화랑이 막 도입되기 시작하던 1978년에 문을 열어 40년 가까이 한국 미술과 함께해왔다. 그런데 그 뿌리를 찾자면 멀리 1954년까지 거슬러 올라간다. 일본에서 미술을 공부하고 귀국 후에 청계로 천일백화점에서 관리자로 근무하던 이완석 대표가 천일백화점

4층에 천일화랑을 개관한 것이다. 천일화랑은 짧은 역사를 뒤로 하고 문을 닫았지만 미술계 활동을 계속했고 1978년에는 이완석 대표의 딸 이숙영 대표가 예화랑을 열기에 이른다. 2010년 이숙영 대표 별세 이후에는 장녀인 김방은 대표가 예화랑을 이끌고 있으니, 예화랑은 3대로 이어지며 한국 미술계의 역사를 간직한 유서 깊은 기관이라 할 수 있다.

예화랑은 신진 작가를 폭넓게 발굴하고 외국 진출을 적극적으로 모색하고 있다. 또한 갤러리로서는 특이하게 신사동 가로수길에 위치를 두고 있다. 신도심이지만 문화예술의 불모지인 강남 지역에 활력소가 되고 있다.

2015년 6월 말의 일이다. 나는 서울 출장 중에 예화랑 김방은 대표님을 만났다. 갤러리가 있는 가로수길에서 함께 점심을 하고 돌아가는 길이었다.

"장 변호사, 커피 한잔 하지."

김 대표님께서는 내가 커피를 즐기지 않는다는 사실을 잘 알고 계신다. 그런데 굳이 커피라니…. 무언가 중요하게 나눌 이야기가 있는 것이라 짐작했다. 우리는 근처 커피숍으로 향했다. 커피 잔을 앞에 두고 잠시 정적이 흘렀다. 그리고 김 대표님께서 천천히 말씀을

예화랑

시작하셨다.

"장 변호사, 내가 일전에 백남준 선생님 기획전에 대해 이야기한 것 생각나?"

"예, 기억납니다."

"난관이 좀 있겠지만, 추진하고 싶어. 장 변호사 생각은 어때?"

"백남준 선생님 기획전은 큰 프로젝트가 될 것 같네요. 의미도 있고요."

"내가 전에 미국에 계신 소장가분을 만난 이야기를 한 적이 있지. 좋은 분인 것 같다고 했는데."

"예, 기억합니다. 소장가분께서 예술 문화 발전에 관심이 많으시다고 하셨죠. 저도 미국에서 그분에 대해서 이야기 들은 적이 몇 번 있어요. 좋은 작품을 많이 보유하고 계신다고 하더라고요."

"이 분이 〈거북〉과 〈M200〉을 소장하고 계시지."

"〈거북〉은 꽤 큰 작품이라고 하던데요."

"장 변호사, 〈거북〉을 본 적이 있나?"

"아뇨, 사진으로 본 적은 있는데, 직접 본 적은 없습니다. 어떤 작품인가요?"

"10미터가 넘는 큰 걸작인데. 직접 보면 장관이지. 백남준 선생님

〈거북〉

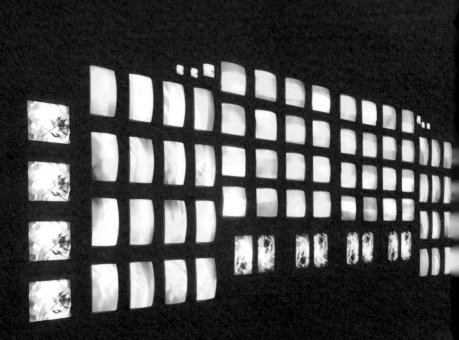

께서는 거북을 작품의 모티프로 자주 사용하곤 하셨어. 거북이 지닌 장수나 불사, 다산 같은 상징적 이미지를 이용하신 거지. 거북이라는 소재는 친밀하지. 전통적이며 자연적이고 동양적이기도 하고. 그런데 비디오 아트는 현대적이고 기술적이며 서양적인 느낌이잖아. 이런 상반된 요소를 기가 막히게 조화시킨 거야. 모니터 166개로 이루어진 거대한 작품이 만들어내는 압도감이 어우러져 아주 독특한 감동을 만들어내."

"꼭 직접 한번 보고 싶군요. 〈M200〉은 어떤 작품인가요?"

"M은 모차르트를 200은 서거 200주년을 의미하지. 그러니까 모차르트 서거 200주년 기념작품이라는 뜻의 제목이지."

김 대표님은 머릿속으로 작품을 떠올려 음미하듯 표정을 지었다. 입가에 희미한 미소가 번져나갔다.

"〈M200〉은 1991년 작품인데, 높이 5미터, 길이 10미터의 대작이야. 86대의 텔레비전 케이스가 들어가지. 벽에 붙여서 설치하는 (Video Wall Installation) 작품이지."

"그러면 어떤 건물 벽에 붙어 있는 건가요?"

"그렇지는 않아. 〈M200〉은 벽 설치 작품이긴 하지만 한곳에 부착하는 방식이 아닌 개인의 개성을 담은 이동식 작품으로 제작하셨어."

"그렇군요."

〈M200〉은 백남준 예술세계의 혁신성과 독창성을 보여주는 백미라고도 할 수 있는 작품이야."

"어떤 점에서 그런가요?"

"음악과 미술, 영상의 요소가 시대정신을 가로지르며 펼쳐지지. 클래식 음악인 모차르트의 레퀴엠, 80년대의 팝, 유러피안 펑크록, 아방가르드 음악, 일상의 잡음을 영화 아마데우스의 인상적인 장면, 여러 대중예술가들의 영상 등과 함께 담아냈지. 행동하는 음악, 보이는 음악, 변화와 흐름의 예술, 함께 소통하는 예술을 창조한 것이지. 평론가들이 '현대 음악과 미술과 테크놀로지를 접목해 예술의 역사를 새롭게 썼다'고 극찬할 만하지."

나는 고개를 끄덕였다. 언론이나 책을 통해 백남준 선생님에 대해서 많이 접했고 그분이 한국인이라는 사실에 은근한 자부심을 느꼈었다. 뉴욕의 몇몇 갤러리나 워싱턴DC의 스미소니언 박물관 같은 곳에서 전시된 작품을 본 적도 있다. 하지만 정작 그 작품세계의 가치에 대해서는 잘 모르고 있었던 게 부끄러웠다.

"지금은 우리나라에서도 많이 알려졌지만 아직도 백남준 선생님은 외국에서 더 유명하고 더 높은 평가를 받는 게 사실이야."

"저도 그렇게 생각해요."

확실히 그랬다. 백남준 선생님은 세계 예술사의 혁신적 아티스트로 평가받는 인물이었다. 하지만 한국의 일반적 흐름과는 동떨어져 있었으니 고국에서 자신에게 걸맞은 명성과 평가를 누리지 못한 게 사실이다.

나는 예화랑 김 대표님과 몇 차례 백남준 전시회를 다녀온 적이 있다. 그때마다 김 대표님은 백남준 선생님의 예술세계에 대해 침이 마르도록 극찬을 하곤 하셨다. 그래서 백남준 선생님을 향한 김 대표님의 관심과 열정을 이미 알고 있었다.

하지만 기획전을 열겠다는 결심을 한 것은 조금은 뜻밖이었다. 백남준 선생님의 작품 전시같이 스케일이 큰 프로젝트는 여간 힘든 일이 아니다. 고려해야 할 요소가 많기 때문이다. 그리고 무엇보다 내가 이 일에 발을 담그게 될지는 상상도 하지 못했다.

"나는 백남준 선생님의 기획전을 꼭 해야 한다고 생각해."

김 대표님께서 결연한 표정으로 말씀하셨다.

나는 그 열정에 찬물을 끼얹기는 싫었다. 하지만 변호사 특유의 객관적 태도를 유지하며 말했다.

"대표님의 백남준 선생님 작품에 대한 애정과 열정은 저도 잘 압니다. 그런데 전시회는 조금 다른 사안인 것 같습니다. 지금껏 예화랑이 해오던 전시와는 다른 성격이고요. 준비 기간도 상당합니다. 더욱이 우리가 통제하지 못하는 예측 밖의 상황이 생길 수도 있습니다."

"예측하지 못하는 상황이라?"

"예화랑이 중심이 되어 전시를 기획하고 진행하겠지만, 전시 규모와 기간을 고려해보았을 때 여러 주체가 이 프로젝트 안으로 들어와야 할 겁니다. 그러면 거기에 따르는 변수들이 여럿 있을 겁니다."

"당연히 그렇겠지."

김 대표님이 고개를 끄덕였다.

"예화랑이 전문성을 지닌 부분은 직접 추진하겠지만 그 외의 영역은 각 부분의 전문가가 끌고 가는 집단적인 형태가 될 것이라 생각합니다."

"나도 같은 생각이야. 특히 여러 주체가 협력하여 진행하다 보면 입장이 다른 지점이 나올 것이고, 서로 조율해야 할 부분도 많을 거야."

"사람이 하는 모든 일이 그렇습니다만, 이건 더 크고 복잡한 비즈니스입니다."

"그래, 그 점은 나도 충분히 알겠어. 분명히 어려움이 있을 거야. 그래도 이건 꼭 해야 해!"

나는 그때 김 대표님의 표정을 보았다. 누구도 꺾지 못할 결연한 의지 같은 게 느껴졌다.

"백남준 선생님의 예술세계야말로 이 시대 우리나라에서 꽃피어야 해. 시대정신이며 문화의 아이콘이지. 더욱이 한국을 대표하는 브랜드로서 큰 가치가 있지."

"저도 동의합니다."

"그런데, 백남준 선생님의 예술이 아직 한국인의 마음에 깊숙이 들어오지 못한 것 같아. 외국 사람들보다 더 모르는 것 같아. 그건 작품이 아니라 뉴스 속에서 백남준 선생님을 만났기 때문이라고 생각해."

"그런 점이 있는 것 같습니다."

어느새 나도 김방은 대표님의 의지에 빠져드는 것 같은 느낌이 들었다. 열정은 전염된다는 말이 그저 과장된 수사에 지나지 않는 건 아니었다.

"사람들이 백남준 선생님의 작품을 직접 보고, 경험하고, 그 깊은 감동의 세계로 들어가도록 하는 행사를 반드시 해야 해!"

김 대표님이 힘주어 말했다.

"한번 해보자. 해보고 싶어. 장 변호사도 잘 알잖아. 내가 백남준 선생님 많이 사랑하는 거."

"네…"

나는 그 열정에 동의할 수밖에 없었다. 그리고 이내 객관적인 어조로 물었다.

"그럼 이번 백남준 선생님 전시회는 갤러리가 기획사의 역할을 맡게 되는 건가요?"

"그렇지, 맞아. 그런 점에서 새로운 도전이지."

김 대표님의 목소리에는 의지가 묻어 있었다.

"이제는 갤러리도 새로운 도전을 할 때라고 생각해. 조금 더 대중에게 다가가야 하고. 단순한 상업적 기획 전시를 넘어서 예술적 상업 전시가 어떤 건지를 보여주고 싶어. 이건 갤러리가 어떻게 변화해야 하는지 그 방향을 보여줄 좋은 기회인 듯해."

"대표님 말씀에 깊이 공감합니다."

나의 대답은 한 점의 보탬 없는 진심이었다. 대화를 통해 김 대표님의 사명감과 열정을 깊이 느꼈다. 어느 누구도 김 대표님의 의지를 꺾지 못할 것이다. 그리고 이렇게 시작된 일은 가치 있는 결과를 낳을 것이라 보았다.

"장 변호사가 많이 도와줘야겠어."

"예. 기꺼이 그러죠."

내가 이렇게 대답한 것은 인간적 차원이었다. 당시만 해도 중요한 업무 중 하나로 이 일을 하게 되리라고 생각하지 못했다.

"그냥 도와달라는 게 아니라, 실질적인 주체로서 함께 일하자는 제안이야."

김 대표님의 말씀에 나는 화들짝 놀랐다.

"…"

내가 머뭇거리자 김 대표님께서 구체적인 계획을 말씀하셨다.

"준비 기간은 1년여가 될 거야. 시간이 빠듯하지만 최선을 다해야지. 나도 1년 동안 갤러리의 경영을 일상적으로 해나가면서 백남준 선생님 전시회를 차질 없이 준비할 거야. 장 변호사도 함께 해줘. 단순히 미국 쪽 법률 업무만 해달라는 건 아니야. 기획 전체를 맡아서 해줬으면 좋겠어."

솔직히 당황스러웠다. 분명히 매력적인 일이긴 했지만 고민이 이만저만이 아니었다. 갖은 노력 끝에 뉴욕에 로펌을 만들었고 이제 성과가 나오며 인정을 받기 시작했다. 기존 사건들과 씨름하기에도 버겁고 바쁘다. 그런데 한국에서 진행되는 일의 기획을 맡아 1년을 투자한다는 건 위험부담이 너무 크게 느껴졌다. 기획과 진행을 성공적으로 할 수 있을지, 바쁜 와중에 미국과 한국을 오가며 중요한 업무를 차질 없이 처리할 수 있을지 확신이 들지 않았다. 나는 조심스럽게 입을 열었다.

"대표님, 저를 신뢰하고 멋진 일을 맡겨주시려는 건 감사합니다. 그런데 리스크가 크다는 생각입니다. 제가 이 일을 성공적으로 하지 못한다면 대표님은 소중한 기회비용을 허비하는 셈입니다. 한 번 더 생각해보시죠."

"이미 여러 번 숙고해서 내린 결정이야. 장 변호사만 한 적임자가 없다고 생각해. 물론 뉴욕에서 일하는 장 변호사가 한국을 드나들며 일하는 건 바쁘고 힘들 거야. 사건 수임을 덜 하게 될지도 모르지. 당장만 보면 장 변호사에게 손해일지도 모르지. 하지만 분명히 가치 있는 일이며 굉장한 경험이 될 거야. 그래서 제안하는 거야. 나와 우리 갤러리도 장 변호사의 특수한 상황을 잘 이해하고 거기에 맞출게. 그러니 꼭 함께해줘."

김 대표님께서 다시 간곡히 부탁하셨다. 짧은 시간이었지만 갖가지 생각이 뇌리를 스치고 지나갔다. 어떻게 보면 성급하게 뛰어들었다가 비난을 받으며 커리어의 위기를 불러올 위험천만한 일이었지만, 몇 가지 긍정적인 느낌이 나를 사로잡았다.

'김 대표님이 보여준 신뢰에 답해야 한다. 정말 멋지고 의미 있는 일에 참여할 수 있다. 새로운 분야의 경험을 통해 성숙을 이룰 수 있을 것이다.'

서서히 결심이 섰다. 나는 김 대표님의 신뢰에 감사를 표시하며 열심히 하겠노라고 대답했다. 그렇게 나는 백남준 쇼(예화랑이 개최한 백남준 선생님 작품 전시회의 공식 명칭은 '백남준 쇼'이다)의 기획팀장이 되었다.

백남준 쇼 로고

예화랑 명함

뉴욕에서 로펌을 운영하는 변호사가 어떻게 한국에서 열리는 전시회의 기획팀장이 되었을까? 어떤 마음으로 그 일을 맡기고 수락했을까? 나는 한마디로 '신뢰의 힘'이라 믿는다.

모든 사업에서 가장 중요한 것은 신뢰다. 규모가 크고 어려운 사업일수록 신뢰의 중요성은 더 커진다. 경영자는 일하는 사람을 깊이 신뢰해야 하고 일하는 사람 역시 경영자를 신뢰해야 한다. 비즈니스를 진행하는 데 필요한 모든 일들은 서로의 신뢰 속에서 이루어진다.

모든 사람들이 신뢰가 중요하다고 생각하고 그렇게 말한다. 함께 일을 시작하고 계약을 체결하면서, 끝까지 함께 가자며 신뢰를 약속한다. 하지만 이것은 정말 어려운 부분이다. 나는 변호사로서 신뢰가 어떻게 흔들리고 깨지는지를 숱하게 보아왔다.

나는 신뢰를 유지하는 비결이 진심이라고 믿는다. 그래서 항상 진심으로만 일하려고 노력했다. 진심을 발휘할 수 없는 일은 아예 맡지 않으려 했다. 그래야 끝까지 함께 갈 수 있다고 여겼다. 어떤 프로젝트를 진행해보면 전혀 예상하지 못한 변수가 여러 곳에서 발생한다. 끝없이 이어지는 크고 작은 변수들에 맥이 빠지기도 한다.

하지만 그럴수록 지속적인 믿음을 보여줘야만 한다. 경영자가 일하는 사람을 믿지 못한다면 기획 자체가 창의적이며 진취적으로 나오기 쉽지 않다. 실제로 기획을 하다 보면 여러 스타일의 경영자를 만나게 된다. 그가 만약 믿음을 보여준다면 기획 단계에서 여러 아이디어를 진행해볼 수 있는 자신감이 생긴다.

하지만 경영자가 일하는 사람을 믿지 못하면 과정 하나하나가 삐걱거린다. 작은 것에 마음이 흔들린다는 것은 신뢰가 높지 않다는 의미다. 이렇게 되면 일하는 사람이 움츠러들 수밖에 없고, 철저히 경영자의 눈치만 보게 된다. 이런 신뢰는 소기업의 작은 업무부터 정부의 대형 프로젝트에 이르기까지, 성공이라는 목표를 가지고 있는 모두에 필요하다.

나는 예화랑 김방은 대표님으로부터 깊은 신뢰를 받았다. 그래서 백남준 쇼의 기획을 맡을 수 있었다. 그리고 1년여 준비 기간 동안 무한한 신뢰 속에 일했다. 그 점을 늘 감사하게 생각한다.

김 대표님은 단순히 한 사람의 기획팀장을 채용한 것이 아니었다. 나의 커리어 전체를 고려했고, 내 개성이나 역량, 시간 활용의 측면까지 세심하게 배려하셨다. 미국의 로펌이 업무의 중심이 되고 있었기에 한국에 머무르며 일을 진행하는 데는 한계가 있었다. 그때 김 대표님께서는 미국에서 처리할 수 있는 일과 한국에서 꼭 처리해야 할 일을 구분해서 기획 일정을 잡아주셨고 창의적으로 일할 수 있도록 철저한 신뢰를 보내주셨다.

비즈니스 기획이 아니더라도 변호사에게 신뢰는 생명과 같다. 의뢰인의 신뢰를 받으며 의뢰인의 문제의 중심에 서서 문제를 해결해 갈 때 변호사의 진가가 발휘된다. 의뢰인과 변호사와의 신뢰는 '비밀 유지' 관계 속에서 유지된다. 변호사는 의뢰인에 대해 알게 된 거의 대부분의 것에 대해 비밀을 유지해야 한다.

신뢰할 수 없는 사람이 내 비밀을 알고 있다는 건 폭발물을 잔뜩 쌓아놓는 일과 크게 다르지 않다. 그래서 양식 있는 변호사는 의뢰인의 비밀을 철저히 지킨다.

미국변호사협회American Bar Association 표준 윤리 규정Model Rules of Professional Conduct 1.6 조항의 비밀Confidentiality 항목은, 변호사가 의뢰인과의 대화와 그로 인해 획득한 정보에 대해 비밀을 지킬 의무가 있음을 명시하고 있다. 또한, 변호사와 의뢰인의 관계에서 가장 중요한 것은 신뢰이며 그것을 최우선시 하기 위해 이 규정이 존재함을 밝히고 있다.

신뢰가 바탕을 이룰 때만 의뢰인이 법의 보호 내에서 정확하게 상황을 설명하고 변호사는 그에 따른 적합한 법률 자문을 할 수 있는 기회를 갖는다. 따라서 변호사의 많은 윤리 의무 중 비밀 유지가 끊임없이 강조되는 것은 당연한 일이다. 변호사라는 직업의 특성상 신뢰는 최고의 가치다.

이는 형사 사건 뿐만이 아니다. 비즈니스 분야 쪽은 직간접적인 아이디어와 정보를 끊임없이 공유하기에 변호사의 비밀 유지 의무가 더욱 강조될 수밖에 없다. 신뢰는 곧 생명인 것이다.

나는 로펌을 운영하며 종종 클라이언트의 비즈니스 기획에 참여한다. 나는 경영자인 동시에 사업 기획자이기도 하다. 나는 내가 신뢰를 보내는 경영자인지, 신뢰를 받는 기획자인지 생각해본다.

'나는 예화랑의 경영자처럼 아이디어에 오픈되어 있는가? 나는 나 외에 다른 사람의 의견에 얼마나 귀 기울이며 얼마나 반영하려 노력하는가? 나는 믿음을 주는가? 나는 믿음을 받고 있는가?'

내가 예화랑 '백남준 쇼'의 기획을 맡은 데에는 김방은 대표님의 전폭적인 신뢰가 바탕이 되었다. 하지만 이것만으로는 충분하지 않았다. 돌이켜 생각해보면, 예화랑이나 김 대표님이 변화를 통해 새로움을 모색하지 않았다면, 제아무리 내가 전폭적인 신뢰를 받더라도 위험을 무릅쓰면서까지 일을 맡지 않았을 것 같다. 그저 과거를 답습하는 환경이었다면 별다른 가치를 두지 않았을 것이고 흥미도 느끼지 못했을 것이다.

문화예술 비즈니스 분야는 인간의 보편성과 전통이 강조되는 보수적인 영역이다. 하지만 시대정신과 새로운 미학을 갈구하는 혁신 또한 공존한다. 나는 일상을 통해서 이것을 경험해왔다.

나는 새로운 천년이 시작되던 해 보스턴에서 미국 유학생활을 시작했다. 그 당시 나는 영화를 보는 것이 중요한 문화생활이었다. 주말이면 친구들과 함께 한국 영화 비디오를 빌려서 보았고, 때로는 블록버스터에서 미국 영화 비디오를 빌려 기숙사로 돌아오곤 했다. 블록버스터는 쉽게 말해 비디오 대여점 체인이다. 미국 전 지역에 블

블록버스터Blockbuster

타워레코드Tower record

록버스터 매장이 있는데 맥도날드만큼 쉽게 찾을 수 있는 곳이다. 크고 깔끔한 매장에 수많은 비디오를 보유하고 있어서 원하는 영화는 대부분 빌려 볼 수 있다. 처음에는 영화 비디오 위주로 대여했지만 시간이 지나면서 DVD, 게임 CD 같은 것도 빌려주었다. 블록버스터의 수익 모델은 단순하다. 비디오를 빌려주면서 받는 대여료와 대여 기한을 넘겨서 반납하는 사람들에게 받는 연체료이다. 1980년대 후반부터 20년이 넘는 시간 동안 미국 문화의 아이콘으로 불린 블록버스터는 남녀노소 모두가 즐길 수 있는 공간이 되었다.

내가 대학을 졸업할 때쯤에 레드박스Redbox란 것이 생겼다. 비디오를 대여하는 자동판매기 같은 것이었다. 나는 자판기에서 영화 비디오가 나오는 게 신기했다. 여기에 신용카드를 사용해도 되는지 의구심이 들었고, 사람이 아닌 기계가 대여 업무를 대신하는 게 꺼림칙하게 느껴지기도 했다. 하지만 처음 사용한 후에 이내 익숙해졌다.

잘나가던 회사 블록버스터는 2010년 파산 신청을 했는데, 여기에는 레드박스의 등장이 한몫한 것 같다. 그리고 넷플릭스Netlfix와의 경쟁이 결정타를 안겼다.

미국인들이 블록버스터에 대해 가장 크게 불만을 느낀 점은 연체료였다. 인기 비디오를 계속 순환시켜 빌려줌으로써 돈을 버는 블록버스터로서는 인기 테이프가 누군가에게 묶여 있는 것을 방지하기 위해 연체료 징수가 불가피했다. 하지만 비디오테이프 가격보다 더 비싼 연체료를 내는 사람이 종종 생겼다.

이 와중에 등장한 넷플릭스는 '연체료 없음'을 구호로 내세웠다. 이 회사는 개별 비디오에 대한 대여료나 연체료가 아닌 월 회비를 받는 방식으로 운영되었으며, 개별 대리점 단위가 아닌 전국 단위 물류망으로 움직였다. 이용자에게 월별로 빌릴 수 있는 비디오테이프를 정함으로써 더 보려면 반납해야 하는 시스템을 적용했다. 연체료를 받지 않는 비디오 대여점이 등장하면서 변화를 거부하던 블록버스터는 결국 몰락의 길을 걸을 수밖에 없었다.

조금 다른 경로를 걸었지만, 타워레코드의 몰락도 비슷한 관점에서 생각해볼 수 있다. 타워레코드는 세계에서 가장 많은 판매점을 거느린 음반 판매 체인이었다.

노란색 바탕에 빨간색 글씨로 쓰인 타워레코드의 로고는 음악을 사고파는 모든 도시에서 흔하게 볼 수 있었다. 세상의 모든 음반이 타워레코드를 통해 유통되었다고 보아도 과언이 아닐 것이다. 타워레코드는 그야말로 잘나갔다. 그래서 월마트 등의 대형소매점이 음반을 취급하는 것을 중요하게 여기지 않았으며 MP3의 등장도 가볍게 보았다.

미국에서는 2006년 완전히 폐업했고 현재는 일본과 멕시코에만 매장이 있다. 우리나라에도 진출했다가 철수했는데 이것이 타워레코드의 첫 실패이며 다가올 몰락의 전주곡이었다는 평가가 많다.

블록버스터나 타워레코드는 훌륭한 기업이었다. 하지만 시대 변화에 민감하지 못했다. 한때 문화의 아이콘이었던 그들은 그 시대가 그리고 그 세대가 엔터테인먼트를 향유하는 방식이 변함에 따라 조금씩 주류의 흐름에서 밀려났다. 그런데도 자신의 비즈니스 모델을 고집하다가 처참한 몰락을 맞이하고 말았다.

예화랑이 속한 문화예술 분야에도 많은 변화가 일었다. 가장 큰 변화의 물결은 미술품 경매의 대중화다. 몇 년 전까지도 미술품 판매 행위가 이루어지는 주공간은 갤러리였다.

하지만 최근 몇 년간 경매는 미술품 거래의 공간적 제약을 없애고 예술품을 판매 진입 장벽을 낮췄다. 그리고 마켓 형태의 다양화를 가져왔으며 작품 구매를 위한 여러 판로를 열었다. 말하자면 대중화에 크게 기여한 것이다. 그리고 경매는 전체 예술 시장의 크기를 확장했다.

하지만 경매라는 새로운 흐름을 통해 전체 시장에서 갤러리의 뚜렷한 역할이 더욱 부각되었다. 진입장벽이 낮아지고 대중화되면서 더욱 많은 사람들이 예술에 관심을 갖게 된 것이다. 궁극적으로는 더 많은 전문지식을 찾아 갤러리를 찾게 된 것이다.

예화랑은 이런 변화에 적극 대응했다. 강남 지역 화랑들이 중심이 되어 개최하는 대중적 미술 전시회이자 시장인 서울오픈아트페어Seoul Open Art Fair는 넓은 장소에서 신진 등을 발굴하여 대규모 전시를 개최하고 대중적인 가격대에 미술품을 판매함으로써 미술 전시 대중화의 가능성을 보여주었다.

예화랑은 서울오픈아트페어SOAF에서 주도적 역할을 함으로써 미술 대중화라는 시대적 흐름에 맞추어 적극적으로 변화하는 모습을 보여주었다.

이런 환경에서 상업 전시 기획은 갤러리로서 엔터테인먼트 산업에 새로운 장을 여는 시도라 해도 과언이 아니다. 일반적으로 예술을 상업적인 면과 연결시키면 거부감을 갖는 사람들이 많다. 예술에 상업적 색깔이 덧입혀지는 순간 순수한 가치가 퇴색한다고 여기는 탓이다.

하지만 예술이 대중을 외면한 채 다가서지 못한다면 과연 어떤 가치가 있을까? 예술을 어렵게 생각하는 사람들을 더욱 쉽게 이해시키고 느끼게 하려면 대중적인 장의 마련이 필수가 아닐까?

예술도 시대의 흐름에 따라야 한다. 예술을 향유하는 방식 또한 즐거움의 좋는 방식으로 변해가야 한다. 이것이 내 생각이다.

예술품 보유의 목적이 크게 변했다. 당신이 고가의 미술품을 보유했다면 당신은 집의 어느 곳에 걸어놓을 것인가? 예전 같으면 대부분 거실이나 식탁이 있는 공간, 즉 가족들이 많이 모이는 공간이라고 답했다. 하지만 답이 변해가고 있다. 거실이나 식사 공간이 아닌 자기 방이나 침실로 옮겨지고 있다.

지금까지 예술품이 자기 과시 혹은 타인에게 보여주기 위한 수단으로 여겨졌다면 대중화를 통해 자기만족과 즐거움을 위한 수단으로 변화하고 있다. 타인이 고개를 끄덕이는 모습을 보며 만족하던 것이 이제는 자신이 즐기며 바라보는 예술로 큰 변화를 이루고 있는 것이다.

이런 현상은 극적으로 드러나는 사례가 바로 칫솔 디자인의 예술화와 고급화다. 칫솔은 가장 개인적인 물품이다. 칫솔은 욕실에 있고 대부분 칫솔 통 안에 들어 있다. 굳이 칫솔에 디자인이 있다면 손잡이 부분이다. 칫솔을 이용할 때 꺼내는 순간에 디자인을 느낀다.

자기 자신의 만족을 위해 예술을 향유하는 현상이 번지고 있다. 물론 이러한 변화 속에서도 예술 본연의 가치는 지켜져야 한다. 그러기에 상업 전시에서 예술적 가치를 그대로 살리는 기획력을 발휘할 수 있는 갤러리의 역할이 중요하다. 대중성과 예술성의 충분한 조절로 어느 한쪽으로도 추가 기울지 않도록 하는 구실 말이다.

예화랑과 김방은 대표님은 시대의 흐름에 어울리는 변화를 추구해왔으며 때로는 변화를 선도하는 혁신을 감행했다. 그러면서도 본질적 가치를 고수했다. 나는 그 결정체 중 하나가 '백남준 쇼'라고 생각한다. 나는 이런 변화와 혁신에 참여할 수 있었기에 행복했으며 소중한 배움을 얻었다.

시대는 빠르게 변하고 있다. 시대의 흐름에 맞추어 달리는 것은 비즈니스 생존과 번영을 위한 생명줄과 같다. 시대가 속도를 높이고 있다면 비즈니스도 같은 속도로 달려야 옳다. 혼자 빨리 달려서도 곤란하다. 모름지기 경주란 함께 달리며 앞서거니 뒤서거니 할 때 그 즐거움이 최고조에 이르는 법이다.

첫 번째 쿼터 1Quarter

*entertain-
ment*
# BUSINESS
# LAW

목 표 의  공 유 와  리 더 십

서울 출장을 마치고 뉴욕으로 돌아왔다. 미처 여독을 풀 사이도 없이 다음날 아침 로펌에 출근해 미팅을 열었다. 나는 가벼운 긴장감에 휩싸였다. 로펌의 동료들에게 '백남준 쇼'의 진행에 대해 공감대를 형성해야 하기 때문이다. 동료들이 굳이 반대하지는 않겠지만 목표가 공유되지 않으면 일의 진행이 매끄러워지지 않을 뿐 아니라 성과가 조직의 것으로 이어지지 않는다.

"내가 서울에서 유선으로 가볍게 브리핑 한 내용, 백남준 쇼 진행하기로 최종 결정했어."

내 말이 떨어지자 회의실 안의 분위기가 어색하게 느껴졌다. 따뜻하지도 냉랭하지도 않았다. 다들 속내를 알 수 없는 표정들이었다. 이건 단순히 내 느낌뿐일 가능성이 크다. 아직 시차도 적응되지 않았고 조금은 특수한 사안에 대한 반응을 점검하느라 그런 것일 거다 싶었다.

"잘 한 결정이지?"

나의 이 말은 실수였다. 동의를 강요하는 것은 리더로서 바른 태도가 아니다.

"잘됐네요. 변호사님."

누군가가 나의 실수를 덮어주었다.

"그러면 저희는 작품 계약 쪽을 맡는 거죠? 지적재산권 부분은 어떻게 진행됩니까?"

"이번에는 광범위한 범위의 업무 진행을 맡았어. 비즈니스, 저작권, 상표, 라이선싱 등뿐만 아니라 기획 전반을 다 다룰 거야."

"예?"

의외라는 피드백이 나왔다.

구성원과 협력해서 프로젝트를 잘 이끌기 위해서는 이런 순간이 중요하다. 나는 최대한 충분히 예화랑 김 대표님과의 대화 내용, 케이스의 중요성, 우리가 얻을 수 있는 기대 효과, 우리가 구체적으로 해야 할 일 등에 대해 설명했다. 그리고 기획 부분은 내가 주도적으로 처리할 것임을 이야기했다.

"좋습니다."

하이파이브가 오가는 환호는 아니었지만, 새로운 프로젝트를 반기는 분위기였다.

"아직까지는 예화랑이 백남준 쇼 기획을 공식적으로 외부에 알리지 않은 상황이야. 예화랑의 공식 발표가 있을 때까지는 로펌 내부의 비밀 정보로 신중하게 다루어야 해."

나는 이 부분을 특히 강조했다. 앞서도 말했듯이 변호사에게 고객 비밀 유지는 생명과 같은 신의에 속한다. 실무적인 세부 절차나 로펌 내 의사소통 과정에서 비밀이 새나가는 것 역시 철저히 관리해야 한다.

"그럼 플로리다와 실리콘밸리 오피스에는 어떻게 해야 할까요?"

민감한 질문이다. 우리 로펌은 한국 사무실을 별도로 운영하고 있다. 한국의 고객들과 관련된 케이스를 다루고 있으니 단순히 생각하면 정보를 공유하는 게 맞다. 그런데 나는 생각이 좀 달랐다. 케이스 성격상 민감한 부분이 많다.

"일단 알리지 않는 게 좋겠어. 진행 상황을 봐가면서 그때 가서 설명하는 게 바른 순서일 것 같아. 공식 발표 이후에 업무를 분배하도록 하지."

"나중에 섭섭해하지 않을까요?"

"그럴 수도 있어. 하지만 이해할 거야. 비밀 유지와 고객 커뮤니케이션이 더 중요하다는 걸 충분히 아니까."

"기획 추진 책임자인 변호사님이 뉴욕에 계시니 그렇게 가는 게 맞겠군요."

동료들도 동의했다.

"내가 플로리다와 실리콘밸리에 출장가서 술 한잔하면서 상세히 설명하면 돼. 그건 그렇게 결정하고…. 이제 업무 범위를 정하지. 로펌은 법률 자문으로 한정하는 게 좋을 것 같아. 기획 부분은 나의 개인 과제로 하자. 필요하다고 느끼면 미팅을 통해서 기획 부분을 같이 의논하는 형식으로 하고."

업무의 배분은 매우 중요하다. 조직의 목표, 현재 추진하고 있는 일, 구성원의 스케줄, 개인적 역량과 성향 등을 잘 고려해야 한다. 나는 전시 기획 분야는 개인 몫으로 하는 게 좋다고 판단했던 것이다.

"그래도 규모가 큰 기획인데, 로펌 내에 예화랑 업무를 담당하는 전담 팀을 만드는 게 어떨까요?"

"챙겨줘서 고마워. 그런데 준비 기간이 1년이야. 비교적 긴 시간 동안 업무가 산재해 있으니 팀 단위로 움직이기보다는 내가 시간을 잘 쪼개는 게 더 적합할 듯해. 바쁘긴 하겠지만 한번 부딪혀보지."

"지금도 바쁘신데…, 괜찮으시겠어요?"

동료의 걱정은 진심이다. 나라고 바쁜 일정에 쫓겨 허덕이는 걸 즐기지는 않는다. 하지만 무엇보다 고객이 중요하다.

"괜찮아. 중요한 건 예화랑 김 대표님과 잘 상의하면서 전시회를 만들어가는 거야. 김 대표님이 구상하는 게 있으실 테고. 그런 점에서 팀 단위보다는 나 개인이 움직이는 게 더 적절해. 현재 로펌 스케줄도 호락호락하진 않지? 기존 계획대로 움직이면서 그때그때 대화하고 변화도 모색해보자."

"예. 알겠습니다."

미팅은 이렇게 끝났다.

영화나 드라마를 보면 리더가 새로운 프로젝트 수주를 발표하면 환호성을 지르며 반가워하는 장면들이 더러 나온다. 하지만 현실은 그렇지 않다. 물론 프로젝트의 성격에 따라 다를 것이다. 하지만 규모가 크고 중요한 일일수록 압박감도 커진다.

핵심은 조직이 한뜻으로 모이는 것이다. 비전과 목표를 확인하고

상세한 정보를 공유하며 자신의 역할을 점검한다. 효율적인 커뮤니
케이션도 필수다. 드라마틱한 장면은 없었지만 기본적인 요건에 충
실한 미팅이었다.

## 보이지 않는 부분의 기획이 더 중요하다

우리는 흔히 드러난 것, 보이는 것에 민감하고 거기에 집중하는
경향이 있다. 그리고 이왕이면 주인공이 되고 싶어 한다. 비즈니스
든 일상의 작은 일이든 화려한 조명 아래에서 갈채와 찬사를 받는
것을 더 좋아한다. 하지만 모든 일은 보이는 것보다 보이지 않는 부
분이 더 크다.

내가 경험한 공연 전시도 그렇다. 특히 대규모 기획 전시는 그 규
모와 기간 때문에 보이지 않는 곳에서의 노력이 더 크다. 대중의 눈
에 들어오는 것은 극히 일부분이다. 한마디로 전시 기획은 종합 예
술이다. 변호사가 해야 할 일도 무수히 많다.

우선 전시 콘텐츠를 준비하는 예술 주체가 있다. 그리고 그 예술
의 주체를 둘러싼 수많은 국내외 계약이 존재한다. 작품의 확보에

서 운반, 그에 따르는 보험까지 다양한 계약이 존재한다. 그리고 작품을 대중에게 연결하는 다양한 매체와 방법에 따라 여러 주체와의 계약이 존재한다.

계약은 상호보완적 영향을 미치고, 계약 당사자들 간 여러 이슈의 충돌을 최대한 줄이는 것이 필요하다. 그리고 엔터테인먼트산업의 특성상 지적재산권이 다른 어떤 분야보다 중요하다. 요즘 우리나라에서도 이 부분이 매우 강조되고 있다.

미처 생각하지 못한 독특한 이슈도 있다. 전문 인력을 외국에 보내거나 요청하는 경우 이민법 관련한 쟁점이 생기기도 하고 어떤 때는 노동법 이슈가 붉어지기도 한다. 결국 여러 가지 일들이 법률과 맞물려 있다. 이것은 때로는 비즈니스 플랜과 충돌하며 시간과 열정을 소진시킨다.

나를 비롯한 우리 로펌의 변호사들과 스태프들은 경험을 통해 이런 사실을 잘 알고 있다. 그래서 아침 미팅이 건조했는지도 모른다. 감정적 흥분을 표시하는 대신 조금은 냉정하게 사안을 분석하고 실무를 구상하고 있었다.

아침 미팅이 끝난 후 예전에 함께 비슷한 케이스를 진행해본 경험이 있는 변호사가 내 방으로 들어왔다.

"새 프로젝트, 축하합니다. 그런데 정말 축하를 드려야 할지 모르겠네요."

"왜?"

"일이 많고 힘드시겠죠. 그리고 난관이 첩첩이 쌓여 있을 것 같네요."

바늘로 찌른 듯 가슴이 뜨끔했다. 내 걱정을 꿰뚫어보는 것 같아 민망한 생각도 들었다.

그의 말이 맞다. 나는 막 힘겨운 길로 들어섰다. 하지만 그래서 보람이 있고 흥미롭고 즐겁다. 그게 기획이 아닌가?

기획은 커뮤니케이션이다

뉴욕에 돌아와 백남준 쇼의 기획에 착수한 지 일주일쯤 지났을 때였다. 새벽 2시가 조금 넘어 잠자리에 들려고 하는데 문자가 하나 도착했다. 백남준 쇼 관련 업무 메시지였다. 나는 몰려오던 피로를 한순간에 물리치며 미소를 지었다.

'이제 시작이구나.'

기획이야말로 커뮤니케이션이 아닌가.

한국의 고객과 함께 일을 하다 보면 그야말로 24시간을 일하게 된다. 한국의 통상적인 업무 시간인 오전 9시에서 오후 6시는 뉴욕 시간으로 오후 8시에서 오전 5시이다. 밤낮이 정반대다. 한국 고객에게 맞추어 커뮤니케이션을 하다 보면 창 너머로 먼동이 터오는 것을 봐야 할 때가 있다. 그렇지 않더라도 일종의 대기 상태에 들어가 있기에 24시간 업무 긴장감을 떨칠 수 없다.

미국 변호사협회에서 매월 발행하는 잡지가 있다. 여기에 의뢰인 변호사에게 가장 불만스러운 점을 설문조사한 내용이 나온다. 1위는 언제나 커뮤니케이션이다. 필요할 때 연락이 잘되지 않는 것, 궁금한 부분에 대해 잘 설명해주지 않는 것. 그것을 가장 못마땅하게 여기는 것이다.

로펌 후배 변호사와 커피를 마시며 한담을 나눈 적이 있다.

지친 눈을 한 후배가 한마디했다.

"카카오톡 같은 메신저가 없던 시절, 선배 변호사들은 어떻게 살았을까요?"

엉뚱한 말에 피식 웃음이 새어나왔다. 하지만 충분히 공감이 드는 이야기이다.

"나도 하루에 카카오톡 메시지에 답변하며 보내는 시간이 적어도 두세 시간은 되는 거 같군."

"그렇죠? 그걸 전화로 한다고 생각해봐요."

후배 변호사가 눈을 빛내며 말했다.

"그래 그게 모두 전화통화라면, 어휴…."

나도 고개를 절래절래 흔들었다.

"전화기 붙들고 살아야 되는 거죠. 그런데 지금 나이 좀 있으신 분들은 그렇게 하지 않을까요?"

후배는 진심으로 걱정스러운 표정이었다.

"선배들께 카카오톡 사용법을 알려드리는 강좌라도 열어야겠군."

내가 농담을 하자 후배가 유쾌하게 웃었다.

나도 사실은 문자 메시지에 익숙하지 않다. 카카오톡도 마찬가지다. 태어나면서부터 스마트폰을 만진 완전한 모바일 세대는 아니다. 그래서 PC로 카카오톡을 할 수 있다는 사실이 무척 다행이라고 여긴다. 로펌의 최대 테크놀로지가 카카오톡 같은 메신저라는 사실이 드러내는 진실은 의미심장하다. 그만큼 커뮤니케이션이 중요하다는 것이다.

클라이언트와 커뮤니케이션은 비즈니스의 마음가짐에 달려 있다. 처음 로펌을 시작하면 클라이언트 한 사람 한 사람이 너무나 소중하다. 그들은 사업에 절대적인 존재다. 따라서 많은 시간을 그 클라이언트에 쓰게 된다. 일반적으로 로펌이 자리 잡기까지 1년에서 1년 반 정도 걸린다고 한다. 그 시간을 버틴 로펌은 살아남고 그중 몇몇 로펌은 더 큰 사업적 성공을 향해 발전해나간다.

그런데 클라이언트가 점점 늘어나고 케이스가 쌓이다 보면 처음에 가졌던 긴장감이나 집중력을 보이지 못한다. 이것은 현실적으로 불가능하다. 각 케이스에 대한 집중력도 중요하지만 의뢰인과 함께 대화하거나 케이스를 검토하는 절대적인 시간이 핵심이 되기 때문이다. 그래서 의뢰인과 케이스가 늘어난 로펌은 효율성을 말한다. 반면 고객은 예전의 그 집중력과 헌신성이 사라졌다며 서운해하기도 한다.

이럴수록 커뮤니케이션을 더 잘해야 한다. 시간을 쪼개야 하며 제한적인 기회를 잘 활용하여 최선을 다해 대화하고 그가 궁금하게 여기는 것에 성실히 답변해야 옳다. 로펌은 일종의 서비스업체다. 서비스를 받는 사람에게 최대한 맞추는 것이 시장에서 생존하기 위한 바람직한 길이다. 커뮤니케이션은 로펌을 운영하며 클라이언트와의 관계를 이어나가는 데 있어 핵심이 되었다.

기획도 마찬가지다. 돌이켜보니 지난 1년 백남준 쇼를 준비하며 많은 땀을 흘렸다. 그리고 그 태반은 고객과 동료, 이해관계자와의 커뮤니케이션이었다.

## 기획은 팀 작업이다

대부분의 기획과 비즈니스는 한 사람이 아닌 팀 전체가 함께 활동하는 팀 작업이다. 상당수의 일이 팀으로 움직인다. 백남준 쇼 기획 역시 팀 작업이었다. 우선 전시 주체인 예화랑의 김 대표님과 내가 한 팀이 되어야 했다. 그리고 우리 로펌 구성원들과 예화랑 구성원들이 정보를 공유하고 업무를 나눔으로써 한 팀이 되었다. 이것은 내가 공연 기획의 핵심 역할을 내가 맡은 것과는 별개다. 그리고 기획 추진 과정에서 내외부의 수많은 이해관계자들과 한 팀으로 움직여야 했다. 어찌 보면 비즈니스의 성공은 어떤 팀을 구성하느냐에 따라 좌우된다고 해도 과언이 아니다. 어떤 경우든 자신을 보완해줄 수 있는 사람들과 함께 일을 도모하는 게 합리적이다. 그럴 때

높은 시너지가 발생하기 때문이다.

나는 '결'이라는 단어를 즐겨 쓴다. 기본적으로 함께 비즈니스 프로젝트를 만들어가는 사람들은 같은 결의 사람이어야 한다고 생각한다. 비슷한 가치관, 비슷한 사고 프로세스를 갖춘 사람들이 모이는 게 좋다.

하지만 결이 같은 사람과 팀을 이룬다는 말은 모든 면에서 나와 일치하는 사람과 함께 일한다는 뜻은 아니다. 같은 세계관을 공유하되 역량과 성향이 다양한 사람이 모이는 게 바람직하다. 즉, 나와 다른 장점을 가지고 있는 사람을 찾아야 한다.

결이 같은 사람들로 이루어진 팀은 비즈니스의 기본 동력을 서로 제공할 수 있는 수완과 능력이 있다. 서로 다른 특징과 장점들은 상호작용을 통해 가능성을 극대화하고 비즈니스를 성공으로 이끌게 되어 있다. 이 특징과 장점이 적절히 어울려야만 비즈니스는 목표에 가깝게 나아간다.

로펌 CHANG, CHO & ASSOCIATES

## 변호사와 비즈니스

변호사라고 하면 형사 재판에서 범죄 피의자를 변호하는 사람만을 떠올리는 분들이 있다. 어찌 보면 좋은 일인지도 모르겠다. 골치 아픈 법률문제와는 동떨어져 있다는 이야기이기 때문이다.

하지만 법률은 세상 모든 일에 관련되어 있고 변호사가 일하지 않는 곳은 없다. 특히 미국, 그것도 세계적 거대 도시인 뉴욕에서는 더욱 그렇다. 형사 법정과 민사 법정, 서류가 가득한 로펌과 기업의 회의실을 종횡무진하는 존재가 변호사이다.

변호사는 비즈니스 관련 업무도 많이 한다. 꼭 재판이나 소송, 계약 등의 법률문제만 하는 것은 아니다. 비즈니스를 다루는 변호사는 두 부류로 나눌 수 있다. 법적 부분에 업무를 한정하는 경우와 경영 컨설팅까지 영역을 넓히는 경우이다. 어떤 쪽이 옳다거나 그르다고 말할 수는 없다. 사람의 성향에 따라 다르다. 기업 컨설팅까지 광범위한 업무를 하는 변호사들은 대체로 비즈니스에 관심이 많다. 별도의 사업 구상이나 구체적인 계획을 가진 이들도 꽤 있다.

한국식의 전통적 정서로는 변호사가 돈이 중심이 된 비즈니스에

얽히는 게 마땅치 않아 보일 수도 있다. 그래서 부정적인 평가를 내리기도 한다. 하지만 이것은 편견이다. 나는 몇몇 특수한 경우를 빼면, 좋은 변호사와 나쁜 변호사가 따로 존재한다고 생각하지는 않는다. 변호사의 평가는 구체적인 사안에서 의뢰인과의 관계에 의해서 이루어진다고 믿는다. 코드가 잘 맞는 클라이언트와 변호사가 있는 것이다.

보통 한 회사나 개인과 몇 년에 걸쳐 함께 일하게 된다면 코드가 맞는 경우라고 보아도 될 것이다. 클라이언트가 추구하는 가치를 변호사가 같은 가치판단 기준으로 본다면 이성적인 코드와 본능적인 코드가 맞아떨어질 가능성이 그만큼 높아지는 것이다. 그런 경우 공유의 범위가 넓어지고 좋은 결과물을 만들어내게 된다.

클라이언트와 변호사가 친밀해지면 많은 것을 공유하는 이점이 생긴다. 반대로 객관적 토대를 발견하지 못하는 한계성을 갖기도 한다. 그래서 변호사의 역할은 비즈니스 플랜이 앞으로 나가는 것의 원동력을 깨뜨리지 않으면서 최대한 객관적인 상황 분석을 하고 그것을 클라이언트에게 전달하는 것이다.

최근에 겪은 일 하나가 문득 떠오른다. 의뢰인과의 일이기에 구체적으로 쓰지 않았고 민감한 내용은 생략했다.

밤늦게 문자 메시지가 한 통 왔다. 우리 로펌 고객인 회장님이었다. 사진이 하나 첨부되어 있었는데 계약서를 촬영한 것이었고 내일 방문할 테니 계약서를 미리 검토해서 자문을 해달라고 했다. 다음날 약속한 시간보다 일찍 약속 장소로 나갔는데도 먼저 그 자리에 나와 계셨다.

"장 변호사, 어서 와. 어제 계약서 검토해봤어?"

회장님의 어조에서 바쁜 마음을 읽을 수 있었다.

"예. 꼼꼼하게 살펴봤습니다."

"어때?"

"그건 계약서라고 하기에는…."

나는 미처 말을 끝맺지 못했다. 그 계약서는 표현의 구체성 등 여러 면에서 문제의 소지가 있었다.

"그래. 그건 나도 알아. 어제 술 한잔하면서 그 형님이랑 이야기를 나누면서 그 자리에서 바로 적은 거야."

"그리고 서로 사인을 하자마자 사진 찍어서 장 변호사한테 바로 보낸 거야. (…) 그래도 좋은 세상이야."

회장님은 합의와 계약이 이루어진 것에 고무되어 있었지만, 나는 조금 답답한 심정이었다. 메모지에 문구 몇 가지와 합의된 숫자를 기록한 것에 사인한 계약서가 위험스럽게 느껴졌다.

"진전을 이루신 건 축하합니다. 그래도 이것을 믿고 그대로 진행하면 위험하다는 것은 아시죠?"

작고 낮은 목소리로 말했지만 나는 강경했다.

"계약을 한다고 했다가 또 안 한다고 했다가 말을 바꾸며 변덕을 부린 게 벌써 네 달째야. 그런데 계약이 성사되었으면 그걸로 다행이지. 계약금도 치렀어. 그 형님이 급하게 돈이 필요하다고 해서 아침에 나오면서 일단 1만 달러를 먼저 주고 장 변호사한테 온 거야."

"혹시, 현금으로 드린 거예요?"

"그래. 이쪽 일 돌아가는 거, 장 변호사도 잘 알잖아. 내일까지 2만 달러 더 드리기로 했어. 이제 시작된 거야!"

회장님은 이 계약에 4개월간 공을 들여왔다. 그 이전의 준비기간을 합치면 무려 1년 가까이 사업을 성사시키기 위해 시간과 노력을 부었다. 그 기간 동안 회장님과 나는 많은 대화를 나누었고 다각도로 사업 계획을 검토했다. 특히 미국 시장에서의 성공 가능성을 점검하느라 갖은 애를 썼다.

고객의 비즈니스와 깊은 관련을 맺은 변호사로서 곤혹스러운 순간이었다. 회장님께 화장실에 다녀오겠다며 잠시 그 자리에서 일어났다. 건물 밖으로 나와서 차가운 공기를 들이쉬니 상쾌한 느낌이 들었다. 선선한 바람을 맞으며 생각을 정리했다.

문구 하나 절차 하나까지 엄격한 법률과 개인적 직관과 서로 간의 신의를 중요시하는 비즈니스는 서로 충돌할 때가 있다. 회장님의 엉성한 계약서와 현금으로 한 계약금 지급은 법률적인 면에서 꼬투리를 잡힐 수도 있다. 하지만 그 때문에 어렵게 한 걸음 나아간 사업 기회를 무산시킬 수는 없다.

'이 소중한 기회가 빛을 발하게 하면서도 혹시 있을지 모르는 위험에 대비해야 한다.'

내 생각은 거기에 미쳤다. 그리고 구체적인 방안 몇 가지가 머릿속을 맴돌았다. 한 가지 측면만을 기준으로 꼭 나쁘게만 볼 필요는 없었다. 비즈니스와 법률은 서로를 보완할 수 있다. 비즈니스에는 리스크가 따른다. 리스크가 없는 비즈니스는 없다. 이것을 감수해야만 부가가치를 거둘 수 있다. 하지만 법은 정반대이다. 법은 리스크를 최소화하기 위해 노력한다. 로펌에서 하는 중요한 일이 예방책 Preventative Measure의 수립이다. 즉, 법률적 위험 요소를 제거하기 위해 가능한 한 노력을 기울인다. 비즈니스와 법은 충돌하지만, 그러기에 서로를 조화시켜 최선의 안을 만들고 의뢰인의 판단을 보좌

해야 한다. 비즈니스를 아는 변호사인 내가 할 일은 바로 이것이다. 완결성이 부족한 계약서, 이를 근거로 오간 두 사람만 아는 3만 달러의 계약금. 이것은 법률적 리스크인 동시에 사업의 기회이다. 이 둘 속에서 균형을 찾고 보완할 방법을 제안하는 것이 내 역할인 것이다. 나는 크게 숨을 한번 쉬고 옷깃을 바로 세운 후에 컨퍼런스 룸으로 들어갔다.

형법과 이민법 관련 업무를 하다가 비즈니스 업무를 처음 맡았을 때 나는 "그렇게 생각하면 어떻게 비즈니스를 할 수 있느냐?"는 말을 여러 차례 들었다. 서로 간의 작은 소송이나 분쟁을 피하기 위해 법적 절차와 규정 모두를 다 충족시키다가는 일이 진척될 수 없는 경우가 많았다.

시간이 더 지나고 비즈니스에 익숙해지면서 나는 새로운 사실을 깨닫게 되었다. 같은 사안이라도 그것을 법률문제로 보느냐, 비즈니스로 보느냐에 따라 엄청난 차이가 있다는 점. 누가 봐도 소송으로 이어질 것 같은 사안이 비즈니스라는 옷으로 갈아입자마자 협력을 이끌어내곤 했다.

이제 나는 비즈니스 전문 변호사로서 분명한 기준을 갖게 되었다. 나만의 캐릭터도 생겼다. 나는 변호사인 동시에 클라이언트와 비즈니스를 기획하고 설계하는 주체가 되었다. 리스크에 대한 판단도 마찬가지다. 어느 정도 리스크를 감당할 것인지에 대해 의뢰인과 의견이 일치해야 함께 일할 수 있다.

기회와 위기가 공존하는 비즈니스의 세계에서 정답을 찾을 순 없다. 어떤 것이 더 나은지는 많은 시간이 흐른 후에 평가할 수 있는 결과론일 뿐이다. 현재는 무엇이 옳은지, 더 나은지를 알 수 없다. 다만 지금 결정해야 할 일을 결정할 뿐이다.

큰 틀에서 비즈니스 프로젝트를 이해한 상태에서 변호사는 합리적 법률 자문을 하고 의뢰인은 법률 자문으로 주어진 정보와 상황을 바탕으로 최종 결정을 내려야 한다.

그리고 함께 일하는 변호사들 간에도 심도 깊은 논의가 필요하다. 비즈니스에서 법률적인 체계가 잘 잡혀 있는 소위 FM 변호사와의 협업은 매우 든든한 일이다. 특히 비즈니스 마인드와 경험으로 훈련된 변호사라면 더욱 좋다. 예를 들면 이런 식이다.

"조 변호사 의견으로는 가능성이 크지만, 리스크도 있고 어려움도 많이 따른다는 거지?"

"예. 그렇습니다."

"맞아. 나도 알아. 어려울 거야. 하지만 멋지고 재미있잖아!"

"하하, 그렇죠."

"알겠어. 난 하기로 결정했어. 나는 계약과 비즈니스 디렉팅에 집중할 테니, 조 변호사는 지적재산권 부분을 맡아줘. 실리콘밸리 사무실 쪽과 잘 협력해서 무리 없이 처리해줘!"

"예. 그렇게 하겠습니다. 그런데 너무 나가시면 안 됩니다. 우리 회사는 로펌이고 저희는 변호사라는 사실을 잊으시면 안 됩니다."

"하하, 잘 알겠어!"

예전에 나와 비슷한 성향의 변호사와 함께 일한 적이 있었다. 그는 이렇게 말했다.

"장 변호사와 나, 두 사람에게 마음껏 일을 벌이라고 하면 한 시간이면 도시 하나 세우고 종일이면 우주를 건설하겠다고 난리를 칠 수도 있겠다."

이후로도 비슷한 이야기를 많이 들었다. 나는 어느새 적극적인 비즈니스 변호사로 바뀌어 있었던 것이다. 내가 적응력이 뛰어난 것인지 원래부터 비즈니스 친화적인 성향을 지니고 있었는지는 모르겠다. 하지만 꽉 막힌 변호사가 우주를 건설하려는 호기로운 변호사로 변한 것만은 분명한 사실이다.

두 번째 쿼터 2Quarter

entertain-
ment
BUSINESS
LAW

뉴 욕 로 펌 의 일 상

　로펌 업무 게시판에 '백남준 쇼'가 적힌 지 한 달 가까운 시간이 지났다. 아직 초기 단계이지만 각자 맡은 업무를 차근차근 진행하고 있었다. 우리 로펌이 주로 하는 케이스 중에 이민법과 지적재산권 관련 사건들은 제 날짜에 후속 업무를 하지 않으면 안 되는 것들이 많다. 그리고 각 파트별로 담당 변호사와 직원들이 담당하는 부분도 다르다. 그래서 서로의 진행 상황을 한눈에 살피기 위해 유리 칠판에 케이스별 진척 과정을 정확히 업데이트하고 있다.

　그런데 프로젝트가 칠판에 적힌 대로 안정적으로 진행되는 건 아니다. 늘 변수가 도사리고 있다. 갑작스럽게 끼어드는 기업 관련 업무는 복병처럼 우리를 덮친다. 이때는 일시적으로 업무량이 늘어나 진행하고 있던 다른 케이스들에게 압박으로 작용할 수 있기에 큰 부담이 된다. 하지만 그 부담감은 종종 적당한 긴장감을 제공해 주어 케이스를 처리하는 데 효율성을 높이는 요인이 되기도 한다.

사람들이 상상하는 로펌은 무척 분주한 곳이다. 바쁘게 움직이는 변호사와 스태프들, 끊임없이 울려대는 전화벨 소리, 책상마다 산더미처럼 쌓여 있는 문서들. 이것은 실제와 크게 다르지는 않다. 그런데 로펌의 일은 바깥의 사람들이 생각하는 것보다는 반복적인 경향이 있다. 어느 정도 시간이 흐르고 케이스가 쌓이면 로펌 업무는 예상할 수 있는 범위에서 움직이기 시작한다.

우리 로펌은 일주일에 두 번 정도 아침 미팅을 한다. 그 장면은 대강 이렇다.

"김 사장님 회사 케이스는 누가 맡기로 했지?"

"아직 정해지지 않았는데요."

"조 변호사가 하면 좋을 것 같은데."

"저는 진행 중인 이민 케이스 서류 작업이 마무리 단계여서…"

"언제까지 보내려고 하는데?"

"다음 주 목요일에는 보내려고 합니다."

"그러면 김 사장님 케이스를 목요일 오후부터 조 변호사가 시작하는 걸로 하지. 김 사장님이 조 변호사를 좋아하잖아. 나보다 조 변호사가 김 사장님이랑 더 잘 통하는 것 같은데."

"그래도 괜찮을까요?"

"중간에 전화하실 수는 있는데. 상황을 잘 설명드리면 될 거야. 급하면 나를 팔아. 내가 이것저것 일을 많이 시켜서 바쁜데. '조금 봐주십시오'라고 하면 웃으실 거야."

"이 케이스에는 그리 복잡한 이슈는 없이. 우리가 탄탄한 법률적 근거를 가지고 있으니까 문제될 건 없어."

"김 사장님 회사 케이스가 작년 ○○기업 케이스와 비슷한 것 같은데, 자료를 가지고 올까요?"

"맞아, 그렇군. ○○기업에서 추진했던 방식이나 마무리했던 전략이 효과적일 것 같아. 그때 마지막 단계에서는 서로 웃고 끝났지. 이 케이스는 너무 완고하게 밀어붙이지 않는 게 좋겠어. 김 사장님도 그걸 원하실 거고. 조 변호사, 최대한 해피엔딩을 만들어보자고."

"예, 그러겠습니다."

로펌이 맡은 케이스들은 각자의 특징과 이슈가 있다. 하지만 기본적으로 사람이 살아가는 데서 일어나는 일들이기에 어느 정도

공통된 요소를 안고 있다. 우리는 그 공통점과 개성의 사이에서 업무를 추진한다.

또 의뢰인이 원하는 방향으로 결과를 내는 것도 중요한 과제이다. 기본적으로 비즈니스는 사람과 사람 사이의 끊임없는 연결이 형성하는 세계이다. 다양한 접근법이 필요하다. 무조건 한 케이스에서 이긴다는 발상은 무의미하다. 그것이 앞으로 미칠 영향을 고려해서 큰 그림을 그리고 그 안에서 최상의 결과를 만들어내는 게 바람직하다.

케이스에서 '이긴다'는 말은 의뢰인에 따라 다르다. 의뢰인의 가치관과 추구하는 방향이 다르기 때문이다. 시간과 돈이 들더라도 케이스를 끝까지 밀고 가서 강한 메시지를 던지고 싶은 사람도 있고, 최대한 짧은 시간에 마무리하기를 원하는 사람도 있다. 어떤 이는 다음의 관계를 생각해서 원만한 타협을 이끌어내기를 바란다.

모든 케이스가 의뢰인이 제시한 저마다의 목표를 가지고 진행되며 로펌은 의뢰인과 같은 방향을 목표로 삼아 전진한다. 그러므로 로펌은 크든 작든 의뢰인과의 관계가 가장 중요하다.

대형 로펌에서도 M&A처럼 상당한 인력의 팀이 필요한 경우를 빼고는 대부분 한두 명의 변호사가 케이스를 처리한다. 로펌 안에

1,000명의 변호사가 있다 하더라도 1,000명이 한 케이스에 투입되지 않는다. 그보다는 1,000명의 인원을 갖춘 로펌답게 실로 다양한 분야의 케이스를 진행한다.

수많은 변호사를 거느린 대형 로펌이 잘 처리할 수 있는 일도 있고 작은 로펌이 효율적으로 움직이는 게 유리한 케이스도 있다. 어떤 목표를 향해 어떤 과정을 밟느냐에 따라, 의뢰인과 어떤 관계를 형성하느냐에 따라 로펌의 일은 천양지차로 달라질 수 있다.

법률은 보수적인 영역이다. 그렇지만 로펌은 세상과 비즈니스의 변화에 보조를 맞추어야 생존할 수 있다. 로펌들은 빠르게 진화하고 있으며 여러 측면에서 혁신을 시도하고 있다. 컴퓨터와 인터넷, 모바일 테크놀로지가 로펌에도 광범위하게 활용된다. 이것은 의뢰인과의 커뮤니케이션 방식도 바꾸어놓았다. 예전에는 문서로 처리하던 일을 모바일 메신저를 이용해 실시간으로 협의한다.

클라우드를 활용해 문서 저장 공간을 지정하고 함께 자료를 검토하면서 케이스를 협의하고 진행하는 일도 드물지 않다. 이때는 의뢰인이나 공동 작업하는 동료 변호사가 지리적으로 멀리 떨어져 있는 게 큰 불편이 되지 않는다. 대량의 케이스를 보관하고 검색할 수 있게 한 온라인 데이터베이스는 과거 대형 로펌의 강력한 무기였다.

하지만 지금은 그 접근성이 크게 높아졌다.

얼마나 발 빠르게 새로운 환경에 적응하느냐가 성공의 열쇠가 된 지 오래다. 매일 변화되는 세상이다. 그 변화에 발을 맞추고 노력하며 걷는 자만이 승리를 이끌 수 있다. 로펌을 포함한 모든 비즈니스가 마찬가지다.

기존의 일과 새롭게 편입된 일, 반복과 변화의 흐름 속에서 우리는 로펌의 업무를 처리했다. 그리고 백남준 쇼와 관련된 계약들도 하나하나 진행해나갔다.

기 업 경 영 과 법 률 , 우 선 순 위 와 자 원 배 분 의 균 형

2015년 8월, 우리 로펌은 2가지 큰 이벤트에 참여했다. 먼저 플로리다 마이애미에서 열리는 트레이드 전시Trade Exhibition에서 KOTRA 대한무역투자진흥공사 마이애미와 함께 우리나라 중소기업들에게 법률 자문을 제공했다. 이 일정을 마치고 곧바로 조지아 애틀랜타로 이동해서 KSEAKorean-American Scientists and Engineers Association: 재미한인과학기술자협회의 연례행사인 UKC 2015US-Korea Conference 2015에 참여했다.

마이애미에서 열린 트레이드 전시는 2015년 국제의료기기박람회FIME 2015였다. 우리 로펌은 최근 몇 년간 KOTRA와 함께 이 행사에 참여해오고 있었다. KOTRA는 한국 기업의 무역과 해외 활동을 지원하는 공식적인 국가기관으로서 수출입, 기업의 해외 진출, 외국인 투자 유치 등에 관련된 정보와 실무를 지원한다. 전 세계에 조직을 거느리고 있는데 미국에도 북미지역본부 산하에 뉴욕, 댈러스, 디트로이트, LA, 마이애미, 시카고, 워싱턴에 무역관을 두고 활동을 펼치고 있다.

우리는 중소기업들에게 수출과 지적재산권 FDA 관련 법률 자문을 제공했는데 강한 보람과 안타까움을 느꼈다. 우선 부스 중심의 전시회는 프로그램 특성상 참가 기업들 한 곳 한 곳마다 충분한 법률 자문을 하기에 충분치 않았다. 그리고 그보다 본질적인 장벽이 자리 잡고 있었다. 그것은 기업의 자원과 우선순위의 문제였다.

수출 기업이 비즈니스 전문 로펌으로부터 법률 자문을 받는 건 바람직한 일이다. 사업을 계획하고 시작함과 동시에 여러 법률문제에 부닥치는 이들 기업의 입장에서는 꼭 필요한 일이기도 하다. 이를 모르는 기업도 없다. 하지만 실현 가능성은 별개다. 수출 중소기업으로서는 현재 주어진 자원을 최대한 효율적으로 배분하여 성

2015년 국제의료기기박람회
FDA& 비즈니스 기획 세미나

과를 극대화해야 하는 과제를 안고 있다. 그러려면 우선순위를 세워야 한다. 이때 법률적인 문제는 여러 현실적 사안에 우선순위가 밀리는 게 보통이다. 우선 사업의 모양을 만들어 움직이는 것이 급선무이기 때문이다.

기업에서 거의 대부분의 문제는 사업 초기에는 잘 불거지지 않는다. 그러나 문제가 없는 건 아니다. 수면 아래로 잠복해 있다. 그러다 사업이 본격적으로 돌아가고 경제적 이익이 생기기 시작한 즈음에 튀어나오기 시작한다. 이때 법률적인 수습을 하지만 미리 대비했더라면 치르지 않았을 막대한 비용을 들이는 경우가 많다. 사업이 성공한 것이 오히려 위기가 되는 이런 상황에서는 깊은 후회를 하곤 한다. 우리는 한국의 수출 기업들이 이런 일을 겪지 않았으면 하는 바람을 가지고 있다.

FIME 2015에 참가한 우리 로펌은 사흘간 트레이드 전시 현장에서 KOTRA와 함께 비즈니스 컨설팅을 했다. 50여 기업의 부스를 돌며 자원 배분 설계를 했다. 시간적 제한이 있어서 어떤 때는 원칙적인 이야기만을 하고 나와야 했다. 컨퍼런스 부스의 구조 자체가 변호사와 의뢰인이 신뢰를 쌓고 깊은 상담이나 컨설팅을 진행하기에는 무리인 점도 있었다.

그렇지만 여러 해 반복되는 행사이기에 자주 참여하는 기업과는 스킨십을 쌓고 있다. 20~30개 기업은 꾸준히 트레이드 전시에 참여한다. 그리고 다음해 3월에 한국에서 열리는 트레이드 전시KIMES에서도 또 마주친다. 그래서 지속적인 연락을 취하기도 한다.

이들 기업 역시 경영 자원을 배분할 때 법률문제에는 높은 우선순위를 두지 못한다. 현실의 벽은 그만큼 두텁다. 트레이드 전시가 진행되는 현장에서와 그 직후에는 많은 질문이 들어오지만 로펌과 계약하고 일을 추진하기에는 재무적인 부담이 따를 수밖에 없다.

우리는 부스를 찾아다니며 수출 기업 관계자들과 대화를 나누었다.

"안녕하세요, 작년에 비해 어떠세요?"

"변호사님, 안녕하세요. 작년보다 확실히 부스를 찾는 사람 수는 늘어난 것 같아요."

확실히 그랬다. 마이애미 국제의료기기박람회의 한국 쪽 부스를 찾는 방문객은 점점 더 느는 추세였다.

"네, 저도 그런 느낌이 드네요. 아무래도 한국관을 한 곳으로 합치고, 올해에는 특별전시관도 만들어놓으니 훨씬 짜임새도 있어 보이네요."

"보이는 거 외에 실질적인 도움이 되어야 할 텐데요"

"하하, 그건 어쩌면 기업들 몫이죠."

"그렇죠. 하지만 매년 더 많이 느끼는 거지만 중국과 남미 쪽 회사들이 점점 강해지고 있어서 기업 입장에서는 여러 가지 지원이 필요함을 느껴요."

"네, 아무래도 그렇겠죠. 올해 코엑스에서 열린 트레이드 전시에 가보니 한국 기업들이 중국 기업들에 많은 자리를 내주고 있더라고요."

"그렇죠. 경쟁자로서 중국 기업들 커가는 게 무섭게 느껴져요."

"근데 이번에 중국 부스 정말 많던데요?"

"중국이잖아요. 변호사님. 돈의 힘은 어쩔 수 없죠."

"경제 논리가 존재하는 걸 어떻게 막겠습니다. 그래도 우리가 대책 마련을 해야겠죠."

"네, 맞아요. 저희도 작년과 같은 자리를 잡기가 쉽지 않았어요."

"그래서 제가 사장님 찾는 데 한참 걸렸잖아요."

"하하, 전화하시지 그랬어요."

"저, 그렇게 눈치 없는 사람이 아닙니다. 바쁘게 움직이시는 걸 아는데요."

"하하…."

웃음을 띠며 대화를 진행하긴 했지만 수출 기업 관계자들은 여러 가지 무거운 현안을 안고 있었다.

## 사업 진출 형태

"변호사님, 몇 가지 여쭐 게 있는데 시간 괜찮으세요?"

"하하, 그럼요. 얼마든지 말씀하세요."

이렇게 여러 기업들과의 수출 관련 법률 상담이 이어진다. 그러면 회사나 사업의 현재 단계에 따라 비슷한 질문이 나온다. 가장 대표적인 게 사업 진출의 형태에 대한 고민이다.

"저희가 중국에 이어 미국에 진출하려 하는데 어디서부터 준비해야 할까요?"나 "일단 회사 설립을 해야 할 텐데 LLC라는 것으로 하면 되는 건가요?"

미국에 진출하려는 한국 기업들은 미국 현지에 어떤 형태로 회사를 설립해야 할지 고민하곤 한다. 이때 가장 많이 거론되는 방식이 LLCLimited Liability Company이다.

비즈니스 세미나(MIT)

LLC는 주주들이 유한책임을 지는 법인의 성격과 투자자 개인이 자기 소득에 대해서만 세금을 내는 개인회사의 성격을 모두 지닌 특이한 형태이다. 주마다 다르긴 하지만 LLC의 가장 큰 장점은 제한적인 책임이다. 예를 들어 A와 B가 LLC를 구성했는데 A가 업무 중 큰 사고를 냈다고 하자. B가 그 사고에 직접적으로 개입하지 않았다면 A의 잘못에 대한 책임을 지지 않는다. LLC는 기본적으로 멤버들 간 동등한 권리를 지니며 지분 비율 등은 합의를 기준으로 정하곤 한다. 또한 별도의 법인세를 내지 않고 구성원들이 개인의 소득에 관해서만 세금을 내는 장점이 있다. 하지만 LLC 설립 시 다른 형태에 비해 설립 비용이 상대적으로 많이 든다는 단점이 있다.

여기서 LLC나 다른 회사 설립 형태에 대해서 자세히 설명하지는 않겠다. 이 책의 범위를 넘기 때문이다. 그리고 LLC의 장단점을 일반화하여 설명할 수는 있지만 그 장단점이 일괄되게 각 회사의 상황에 적용되는 것은 아니다.

예를 들어 LLC의 장점으로 거론되는 '합의를 통해 운영한다'는 개념은 각 회사의 특수한 상황과 멤버들의 구성 관계에 따라 장점이 될 수도 단점이 될 수 있다. 다시 말해 시간을 들여 회사와 이야기하며 회사의 특수성을 이해하지 않은 상황에서는 어떤 형태의 회사 설립이 맞는지 효율적인 법률 자문을 제공할 수가 없다.

얼마 전 비즈니스법학회에서 최근 문제가 되고 있는 온라인 법률 서비스에 대해 논의한 적이 있다. 실제로 몇몇 유명 사이트에서 "이 것은 법률 자문이 아닙니다. 정확한 것은 변호사에게 상담하세요"라는 문구를 웹 페이지 아래쪽에 아주 작게 적어놓고 사실상 법률 서비스를 하고 있는 사례를 볼 수 있다.

물론 법률이 어느 정도는 규정된 범위 내에서 운용되기 때문에 일반적이고 기초적인 정보가 도움이 되기도 한다. 특수한 경우에 는 컴퓨터가 정확하게 짚어낸 공식이 더 정확할 수도 있다. 하지만 비즈니스는 살아 움직이는 생명체이다. 획일화된 내용을 대입해서 좋은 결과를 얻을 수 없다.

미국에 진출하는 기업이 LLC 형태로 설립하는 것이 옳은지 또는 그렇지 않은지는 정확히 답할 수 없다. 특히 요즘 많이 진출하는 테 크놀로지나 엔터테인먼트 회사에 적합한지는 모호한 문제이다.

테크놀로지나 엔터테인먼트 회사는 투자금의 유치가 성공을 좌 우하는 경우가 많은데 LLC는 자금을 모으기에 적합하지 않을 수 도 있다. 그렇다고 투자금 유치 여부에 따라 LLC를 선택하지 말지 를 결정할 수도 없다. 이것은 그렇게 단순하지 않다. 전문적인 비즈니스 설계가 필요하다. 투자금을 모은다는 개념 자체도 획일적이지 않다. 다양한 형태가 존재할 수 있다. 그러므로 전체적인 상황을 종합하여 가능성을 하나하나 타진해야 한다.

LLC가 좋으냐는 한국 기업 관계자의 질문에 대한 내 대답은 모호할 수밖에 없다.

"어제 세미나에서 말씀드린 것처럼 LLC가 요즘 일반적인 형태인 건 맞습니다."

"그럼 LLC로 할까요?"

이렇게 다시 질문하면 나는 말문이 막힌다. 회사의 상황과 사업 계획을 구체적으로 점검하고 여러 사항을 고려해 결정해야 할 부분이다. 하지만 앞길이 바쁜 기업들의 처지를 누구보다 잘 이해하고 있기에 그저 웃을 수밖에 없다.

사 업 을  보 호 하 는  법 률

시장에 진입하여 초기 단계를 잘 돌파하고 자리를 잡기 시작하는 기업들에게는 회사와 사업을 보호하는 게 주된 관심사가 된다.

사업의 안정성을 확보하는 일은 비즈니스를 시작하기 전이나 시작과 동시에 처리해야 하는 중요한 과제이지만 초창기에는 사업을 만들어내야 하는 현실적 문제의 제약을 받는다.

예를 들어 특허 문제는 매우 중요하면서도 예민한 사안이다. 따라서 사업을 시작하면서 어떻게든 장치를 해놓는다. 하지만 소프트 IPIntellectual Property:지적재산권라 불리는 상표와 저작권은 상대적으로 비중을 덜 두는 편이다.

기업 경영에서 상표와 저작권 문제는 회사 설립 형태로 LLC를 고려하는 것과 마찬가지로 어느 정도의 기본 절차가 있다. 하지만 이역시 회사와 사업 각각의 특수성을 고려해야 한다. 각 상표와 저작권들이 어느 정도 보호를 받아야 하는지를 개별적으로 판단하는 게 옳다. 즉 지적재산권을 보호한다는 기본 원칙 아래에서 보호받아야 할 대상 각각에 어느 정도의 시간과 자원을 투입해야 할지를 전략적으로 논의하는 게 바람직하다.

기업이 지적재산권을 획득하기 위해서는 시간과 노력과 비용이 필요하다. 획득한 지적재산권에 대한 마케팅 투입도 간과할 수 없다. 힘들여 얻은 소중한 지적재산권을 적절히 보호되어야 함은 두말할 필요가 없다.

사업에서 '보호'라는 개념은 'one size fits all'이라는 패션 용어로 설명되곤 한다. 물론 맞는 이야기이다. 프리 사이즈로 나온 티셔츠도 옷의 기본적인 기능은 햇빛이나 바람, 오염, 추위나 더위로부터 몸을 보호하고 신체의 과도한 노출을 막아준다. 하지만 그 이상을 기대하기는 어렵다. 내 몸에 딱 맞춘 것이 아니기에 쉽게 벗겨지거나 찢어질 수 있다. 비즈니스는 복잡한 환경에서 무수한 변수에 의해 다양하게 펼쳐진다. 'one size fits all' 개념으로는 합리적인 보호가 불가능하다.


컨퍼런스 부스를 돌다가 낯익은 분을 보았다. 컨퍼런스에서 여러 차례 뵈었던 사장님인데, 상담을 하면서 지적재산권 보호 장치가 꼭 필요하다는 조언을 드렸었다.

"장 변호사, 반가워. 잘 지냈어?"

"아, 네, 안녕하셨어요? 사장님."

"장 변호사, 뉴욕에서도 보고 플로리다에서도 또 보는군."

"사장님, 서울에서도 뵈었는데 기억 안 나세요?"

"그렇군."

"제가 서울에서 말씀드린 상표와 저작권 관련 일 처리 중이신 것

맞죠?"

"하하…."

사장님은 멋쩍게 웃을 뿐이었다.

"안 하셨죠?"

내가 안타까운 표정으로 물었다.

"그게 늘 생각은 하는데…, 쉽지 않아."

우물쭈물하는 목소리지만 진심으로 그런 것 같다.

"소중한 투자를 꼭 보호하셔야 합니다. 사장님."

상황을 잘 알지만 중요한 일이라는 사실을 일깨우듯 말씀드렸다.

"알아. 해야지."

"제가 리마인드 이메일 드릴게요."

"알았어. 부탁해. 이게 참 한다 한다 하면서 다른 일 하다 보면 잊
어버리고 그러네."


사업을 하면서 생길 수 있는 분쟁Dispute 발생에 대해서도 대비가
필요하다. 이것은 계약서와 관련한 부분에서 가장 많이 일어난다.
비즈니스를 처음 시작할 때 획일화된 계약서를 가지고 시작하고 사
업을 확장하면서도 이것을 계속 사용하는 경우를 흔히 볼 수 있다.

그런데 이렇게 하다 보면 많은 투자를 쏟아붓고 갖은 노력을 기울여 마침내 결실을 하는 순간 소송에 휘달리는 일이 발생하기도 한다.

노동법과 관련한 분쟁도 자주 일어난다. 특히 수출 기업들이 이 문제를 많이 겪는다. 한국과 현지의 사회적 인식, 직장 문화의 차이를 간과하고 감정적인 부분이 뒤섞이기 때문이다. 이에 대한 법률적 이해와 대비가 반드시 필요하다.

## 과 학 기 술 과 산 업 의 협 력

플로리다 마이애미에서의 일정을 마치고 조지아 애틀랜타로 이동했다. KSEA재미한인과학기술자협회의 연례행사인 UKC 2015US-Korea Conference 2015에 참여하기 위해서이다.

KSEA는 1971년 12월 미국의 한국계 과학자 69명이 워싱턴DC에 모여 고국의 과학 발전에 기여하겠다는 사명감으로 설립했다. 이후 45년 세월 동안 발전을 거듭하여 현재는 6,000여 명의 등록 회원을 거느린 영향력 있는 한인 전문인 단체로 우뚝 섰다. 회원은 미국 대학과 연구소 등에서 과학, 공학, 의학 등을 공부하는 한국계

재미한인과학기술자협회 UKC 2015

교수, 연구원, 학생들로 이루어져 있다. KSEA는 한미 과학·기술·기업가 정신 학술대회UKC, 청년 과학기술 지도자 학술대회YGTLC, 한미 공동 R&D연구개발 등을 진행하며 미국과 고국의 과학기술 교류를 돕는 징검다리 역할을 해왔다.

나는 KSEA의 전체 자문 변호사Advisory Attorney를 맡게 되었는데, 이것을 변호사로서 큰 영광으로 생각하고 있다. UKC는 KSEA의 연례행사로 한국과 미국의 과학자, 기술자, 기업가들이 참여하여 첨단 이슈를 다루는 학술 대회이다. 우리 로펌은 2015년 처음으로 UKC를 후원하게 되었기에 이것저것 준비하느라 매우 바빴다.

이 행사에서 여러 과학기술자들을 만나 대화하면서 나는 콜라보레이션Collaboration이라는 키워드를 떠올렸다. 특히 과학기술과 산업의 콜라보레이션을 인상적으로 느낄 수 있었다. 어느 순간부터 비즈니스 콜라보레이션이란 말이 유행처럼 돌았다. 나는 콜라보레이션을 더 빠르게 더 복잡하게 변해가는 비즈니스 환경에 적응하기 위한 각 산업의 생존 방식이라 이해한다.

엔터테인먼트 산업과 과학기술은 21세기에 들어오면서 더욱 밀접한 관계를 맺으면서 상호 발전성을 갖게 되었다. 특히 컴퓨터 분야는 디지털 영상과 프로그램 등에서 엔터테인먼트 산업과의 연관성을 키워나갔다. 실제로 게임 산업에 진출하기 위해 프로그램 분야와 엔터테인먼트가 파트너십으로 진행하는 프로젝트도 있고 전시 산업 쪽에 기술력이 투입되어 기존에 현실적으로 실연해내지 못했던 여러 일들을 구현해내기도 했다.

이처럼 과학기술이 여러 산업, 특히 최근 부상한 엔터테인먼트와 높은 연계를 맺게 되었기에 과학기술 분야에 계신 분들의 비즈니스에 대한 관심이 여느 때보다 높아져 있었다.

컨퍼런스 현장을 돌아보다가 과학자 한 분을 뵙게 되었다.

"장 변호사, 오랜만이야!"

그 분이 나에게 다가와 반갑게 인사했다.

"윤 박사님, 반갑습니다. 지역 컨퍼런스Regional Conference에서 뵙고 여섯 달 만인가요? 잘 지내시죠?"

"이것저것 하면서 바쁘게 지내고 있어. 그런데 잠시 시간 좀 내줄 수 있어?"

"네."

"언제 괜찮아?"

"점심 후 1시쯤 저희 부스로 오시겠어요? 저희가 이번에 후원을 시작해서 부스를 받았거든요."

"좋습니다."

윤 박사님이 어떤 일로 나와 상담을 하시려는지 궁금한 생각이 들었다. 약속한 시간 무렵 윤 박사님께서 부스로 다가오셨다.

"부스 멋진데?"

"올해부터 저희가 법률 자문을 맡게 되어서 부스를 마련했습니다."

"사무실을 통째로 옮긴 거 아냐?"

"아닙니다. 뭐가 많아 보이긴 해도 정리만 잘하면 가방 하나로 끝납니다. 저도 처음에는 어떨까 했는데 들고 다닐 만하네요."

"그래도 폼은 난다."

"하하, 감사합니다. 로펌으로서 기대에 부응해야죠."

"그런데 장 변호사, 이 사항을 검토할 수 있을까?"

윤 박사님의 연구 분야를 한 기업의 사업과 연결시키는 내용의 간략한 계획서였다. 행사 현장에는 좋은 테크놀로지와 아이디어를 가지고 있는 분들이 참 많았다. 윤 박사님도 그중 한 분이다. 다만, 그걸 상업화시키는 것은 어려운 과제이다.

"아, 네."

내가 서류를 읽으며 고개를 끄덕였다.

"이번에 우리 연구실과 크루즈 회사가 MOU를 맺으려고 하는데. 어떻게 진행하면 좋을지…"

MOU Memorandum of Understanding는 기본적으로 강제성이 없다. 서로 무언가를 함께 해보겠다는 의향을 나누는 정도로 이해하면 된다. 하지만 MOU는 앞으로 진행될 비즈니스 플랜에 밑그림이 되는 것만은 분명한 사실이다. 그렇기에 MOU에 대해 지나친 기대를 갖는 것도 문제지만 MOU를 체결을 아무것도 아닌 절차로 보거나 부정적으로 판단하여 기피하는 것도 바람직한 일은 아니다. MOU를 쓰는 단계에서는 앞으로 있을 여러 계약과 비즈니스 진행 과정에서 서로의 협상 Bargaining 포지션을 만드는 것에 도움이 되기에 신중해야 한다.

거래 협상은 비즈니스에서 중요한 요소다. 협상 포지션은 교섭력으로 이해하면 된다. 기본적으로 협상은 서로의 니즈 Needs와 원츠 Wants를 파악하는 것에서 출발한다. 니즈와 원츠를 객관적으로 정확히 판단한다면 현재 주어진 교섭력과 그에 따르는 포지션을 파악하는 데 절대적인 도움을 받을 수 있다. 니즈는 말 그대로 상대방과 내가 필요로 하는 것이다. 즉 그 자체가 목적이기에 양보가 쉽지 않다. 나머지는 원츠다. 원츠는 니즈를 협상할 때 주위 상황과 연계되어 구심점Pivot으로 작용한다.

연구실의 니즈는 자명하다. 지속적인 연구를 위한 자금 확보가 명확한 니즈이다. 크루즈 회사 쪽의 니즈는 연구실이 보유한 기술의 정확한 구현이다. 하지만 원츠는 니즈만큼 확연히 드러나지 않는다. 예상해보면 연구실은 자금 지원의 확실성을 원하기 때문에 최대한 빠른 시일 내에 MOU에서 계약으로 넘어가길 원할 것이다. 하지만 회사 쪽은 MOU 상태에서 기술이 어느 정도 시장에 부합하는지, 사람들의 피드백은 어떤지를 살피며 충분한 시장 조사Market Test를 해본 후에 후속 절차를 밟고 싶을 것이다.

그런데 연구소의 기술을 원하는 주체가 더 있다면 상황이 좀 다르다. 서로 경쟁을 붙일 수 있기 때문이다. 연구소가 자금이 넉넉하다면 시간적인 여유를 가질 수 있어 협상의 강점으로 작용할 것이다. 이렇듯 니즈와 원츠를 분석한 바탕에서 원츠가 주어진 환경과 조건 속에서 실제로 획득될 수 있는 것을 가려내는 과정을 거치며 교섭력과 포지션이 결정된다.

윤 박사님의 연구소와 크루즈 회사와 협상에서 원츠의 최종 합의점은 어느 정도의 자금이 계약금 명목으로 투입되는가에 따라 실마리가 풀리게 될 것으로 보였다. 나는 윤 박사님께 이런 점을 조

목조목 자세하게 설명드렸다. 현재 윤 박사님과 크루즈 회사와의 계약 진행은 기술의 특허 출원 문제 때문에 잠시 보류되어 있다.

클 라 우 드 펀 딩

UKC 2015에서 떠오른 또 하나의 화두는 클라우드펀딩Crowd-funding이었다. 대형 투자기관이나 전문 투자자가 아닌 불특정 다수의 개인들로부터 웹이나 모바일, SNS 등의 채널을 통해 투자금을 모으는 형태이다. 한국에서도 벤처기업이나 사회적 기업, 공공 프로젝트의 진행에서 클라우드펀딩이 활성화되고 있다는 이야기를 들었다.

높은 기술력을 가진 회사가 벤처캐피탈 외에 가장 관심을 두고 있는 쪽이 클라우드펀딩인 것 같다. 최근 미국에서는 클라우드펀딩을 전문적으로 취급하는 회사가 설립되어 유명세를 얻고 있다.

나는 개인적으로 클라우드펀딩을 사회 현상으로 보고 긍정적으로 평가한다. 인터넷이라는 글로벌 매체를 통해 세계 어디에 존재하는 아이디어든 이것을 세상 밖으로 이끌고 나오는 강력한 매개체라고 생각한다. 기존 시스템에 대한 젊은 세대의 대응 방법으로 이해할 수도 있다.

현재, 한국의 기업이나 금융, 사회 환경이 글로벌 클라우드펀딩을 촉진시키기에는 시스템적으로 부족한 측면이 있는 것으로 보인다. 예를 들어 한 회사는 결제 방식이 한국 시스템과 호환이 되지 않아 미국 회사를 설립한 후 서비스를 개시할 수 있었다. 시작 단계에서 일어난 일이니 조속히 개선되었으면 한다.

나와 우리 로펌은 KSEA에서 4일간의 일정을 마쳤다. 과학자들의 열정 속에서 수많은 아이디어를 만났으며 비즈니스에 대한 새로운 시각을 갖게 되었다.

미 술  대 중 화 의  신 선 한  시 도

2015년 9월에는 어포더블 아트 페어 서울Affordable Art Fair Seoul이 열렸다. 이 행사는 미술 전시 관람과 미술 작품 구입을 고급 취향의 일부 부유층의 전유물에서 벗어나 누구나 접근하여 즐길 수 있는 것으로 대중화시키겠다는 의도가 담겨 있다. 'Affordable'이라는 단어

어포더블 아트 페어 서울

자체에 접근성을 높이겠다는 의도가 담겨 있다.

행사의 취지에 어울리게 가족 단위와 젊은 연인 관람객들이 많이 눈에 띄었다. 미술 전시회에 처음 온 사람들도 많았다. 며칠 동안 전시장을 찾아 고심하다가 생애 첫 번째 미술품 구매를 결심하는 젊은이들도 제법 눈에 띄었다. 일부 관람객들은 작품 관련 정보를 인터넷으로 상세히 접한 상태여서 상당한 안목과 수준을 자랑했다. 예화랑도 어포더블 아트 페어의 취지에 맞게끔 작품을 엄선하여 전시함으로써 많은 주목을 받았다.

전시회가 진행되는 동안 나는 미술 작품에만 눈길을 둘 수 없었다. 중요하고 시급한 일 때문이었다. 바로 '백남준 쇼' 기획이었다. 전시 기획을 위한 회의가 계속 진행되었다. 그 후로도 3주간 협의를 거쳐 전시의 기본 틀이 확정되었다. 백남준 쇼의 준비가 정교하게 가닥을 잡아가며 서서히 구체적인 모습을 드러내고 있었다.

2015년 가을, 우리 로펌에는 유난히 이민 관련 케이스가 많았다. 또한 이민 세미나도 많이 열려서 분주한 시간을 보내야 했다. 이때 우리는 방송국 직원, 패션 디자이너, 푸드스타일리스트 등 다양한 분야의 전문가들을 만나서 교감을 나누며 새로운 것을 배웠다.

이민 세미나(예일 대학교)

2015년 뉴욕의 12월은 이상하리만큼 따뜻했다. 제설 도구들이 한 번도 제대로 사용되지 못하고 쌓여 있는 지경이었다. 그렇게 연말이 다가왔다. 12월 20일 저녁 예화랑 김 대표님으로부터 전화가 걸려왔다. 직접 뉴욕에 한번 오겠노라고 말씀하셨다. 내가 일정을 여쭙자 '크리스마스 때'라고 하셨다. 해를 넘기지 않고 전시회 관련 계약을 매듭짓겠다고 하셨다. 나는 수화기 너머의 목소리를 들으며 김 대표님의 열정에 감탄했다. 한국에서도 크리스마스는 사랑하는 이들과 즐거운 시간을 보내는 소중한 휴가가 아닌가?

미국에서는 보통 12월 23일부터 1월 초까지는 크리스마스 휴가이다. 많은 로펌들이 이때 문을 닫는다. 하지만 우리 로펌은 백남준 쇼 기획과 법률 자문 외에도 여러 케이스들이 있었다. 남들이 쉴 때 일하는 것이지만 바쁜 업무가 주어졌음에 감사했다. 그리고 열정이 넘치는 김 대표님과 함께 크리스마스와 연말을 함께 할 수 있어서 행복했다.

12월 25일 아침, 나는 JFK 공항으로 대표님을 마중 나갔다.

김 대표님을 차로 모시고 호텔을 어디에 잡았는지 여쭈었다.

"타임스퀘어 쪽에."

김 대표님이 대답하셨다.

JFK공항

타임스퀘어

"42번가 쪽이요? 거기 오늘 엄청나게 붐빌 텐데요?"

내가 걱정스럽게 물었다. 주말이나 특별한 날이면 타임스퀘어에는 엄청난 인파가 몰린다. 조용히 쉬시지 않고 왜 그곳에 숙소를 정했는지 의문이었다.

"그래서 그곳에 정한 거야. 일하며 오가는 짬짬이 크리스마스며 연말 분위기 즐기려고."

김 대표님이 웃으며 말씀하셨다.

"하하, 잘하셨어요."

나도 웃었다. 크리스마스 휴가를 반납한 일정. 그 속에서 작은 여유와 낭만을 즐기려는 예술가적인 발상이 존경스러웠다. 짧은 대화를 나누기가 무섭게 우리는 여러 가지 업무로 분주해졌다. 전시 준비와 관련하여 김 대표님께서 직접 처리하셔야 하는 일들이 여러 가지 있었고 저작권 계약과 관련한 미팅도 줄줄이 잡혀 있었다.

나와 우리 로펌 동료들도 바쁜 크리스마스 휴가를 보냈다. 하지만 누구 한 사람 불평하지는 않았다. 우리는 일을 즐기기 때문이다. 또한 케이스마다 열정을 다 바쳐 열심히 그리고 재미있게 일하고 그 사이 주어지는 짧은 여유를 즐기는 데 이미 익숙해져 있었다. 우리는 주어진 일의 사명과 소중함을 알고 흥미와 도전을 만끽한다. 짧

JFK to ICN

은 점심을 함께 하며 유쾌한 담소를 나누고 때로는 술 한잔하면서 흉금을 털어놓는다.

크리스마스 연휴 동안 하루하루의 절반 가까이를 차 안에서 보냈다. 이동과 기다림의 연속이었다. 그리고 김 대표님과 나는 그 시간을 허비하기 아까워서 백남준 쇼 준비 관련 토의를 이어나갔다. 차 안에서의 미팅과 차 밖에서의 미팅으로 우리의 크리스마스는 저물어갔다.

바빴던 크리스마스는 나에게 있어서 2015년의 압축판처럼 느껴진다. 백남준 쇼의 기획을 맡아 준비에 매진했던 2015년은 쏜살같이 빠르고 정신없었던 한 해로 기억될 것이다. 다른 사람들처럼 마음껏 휴가를 즐길 수 없을지라도 바쁜 일상은 신의 축복으로 여겼다. 나에게 할 일이 있고 그것이 행복까지 주고 있다면 얼마나 이 얼마나 뿌듯한 일인가?

비즈니스는 믿음과 인내

나는 2012년에 한국에서의 일을 결심했다. 당연히 처음에는 케이스를 맡지 못했다. 딱히 진행하는 일도 없이 한국 방문이 잦아지다 보니 회의감이 들기 시작했다.

'지금 내가 이 시간에 한국에 나와 있어도 되는 것일까?'

'이러는 동안 차라리 미국에서 일을 하나 더 처리하는 게 낫지 않을까?'

생각이 꼬리에 꼬리를 물고 이어졌고 고심이 더 커졌다.

'혹시 내가 허황된 꿈에 사로잡혀 있는 건 아닌가?'

'항공료와 숙식비는 어떻게 해야 하지?'

고민을 거듭하다가 결국 '그만두자'는 쪽으로 생각이 기울자 순간적으로 머릿속이 하얘졌다. 알 수 없는 죄책감과 미안함이 나를 짓눌렀다. 약속이 없는 날은 뭔가 큰 회의감이 가슴을 마구 찔러댔다. 나에 대한 질책이 끝없이 이어졌다. 형법 전문에서 비즈니스 분야로 갈아입은 옷이 내게 잘 맞는지 점검이 필요했다. 그렇게 걱정이 더 큰 걱정을, 불안이 더 큰 불안을 낳았다.

초조하고 불안한 몇 개월이 그렇게 흘러갔다. 하지만 고통과 인내라는 씨앗은 결국 나에게 아름다운 열매를 맺게 해주었다. 당시 경험은 비즈니스에서 '버틴다'는 것의 가치를 일깨워주었다. 그리고 왜 버텨야 하는지를 처절하게 배웠다.

나는 한국에서 시간을 투자하기 위해 미국에서의 케이스 처리에 더욱 박차를 가해야 했다. 한쪽에 투자금이 들어가고 있기에 투자를 위한 자본금이 최대한 마련되어야 했다. 가능한 한 많은 케이스를 처리해야 했다. 형법과 이민 관련 케이스는 크기나 수임료를 상관하지 않고 숫자를 늘려갔다. 쉴 틈 없이 일에만 매달렸다. 그렇게 버티며 주위에서 나를 알아봐주기를 기다렸다.

한 회사의 사장님이 처음으로 내게 비즈니스 케이스를 맡겨주셨다. 이후에 그 사장님 친구가 또 다른 케이스를 맡기셨다. 그리고 그 주위 회사에서 작은 계약건과 이민, 지적재산권 관련 케이스들이 주어졌다. 그렇게 일이 조금씩 늘어갔다.

비즈니스는 믿음이었다. 어렵더라도 굴하지 않고 기다리다 보면 반드시 기회가 온다는 믿음 말이다. 나는 기회를 잡는 방법을 몰랐었다. 하지만 고통의 시간을 버텨내는 동안 나도 모르게 그것을 터득했던 것 같다. 기회를 잘 잡는 것도 능력의 문제라는 사실을 인내하는 동안 절실하게 배웠다. 내게 기회라고 여겨졌을 때 과감하게 낚아채는 방법은 매우 긴요했다.

이런 혹독한 경험을 한 후에는 일이 있다는 것에 감사했다. 2012년의 어려운 경험은 내게 지독한 독이었지만 이제는 약이 되고 있다. 연말에 남들처럼 여유로운 낭만을 즐기지 않아도 좋으니 일이 끊이지 않고 주어지기를 바라는 마음뿐이다.

로펌의 새해 인사

세 번째 쿼터 3 Quarter

*entertain-
ment*
# BUSINESS
# LAW

## 동대문디자인플라자의 겨울바람

2016년 1월, 나는 백남준 쇼의 본격적인 준비를 위해 서울에 있었다. 전시 장소를 둘러보거나 사람을 만나기 위해 이동하니 야외에서 일하는 경우가 잦았다. 그래서인지 유난히 추위에 시달렸다. 서울의 매서운 겨울바람이 살을 에듯 혹독하게 느껴졌다.

"장 변호사, 그렇게 부실하게 입고 안 추워?"

한겨울 복장치고는 얇은 옷차림을 한 내가 걱정되었는지 예화랑 김 대표님께서 한마디하셨다.

"네. 춥긴 하네요."

내가 오들오들 떨면서 대답했다.

"코트를 좀 두꺼운 걸 입든가, 깃털 패딩이라도 장만하든가. 한겨울에 돌아다녀야 하는데, 그렇게 입어서 되겠어. 그리고 내복 입어. 얼마나 따뜻한지 몰라."

김 대표님께서 겨울을 어떻게 나야 하는지 충고해주셨다.

"예…."

나는 대답은 했지만 '그렇게까지 해야 하나?'라는 생각을 가졌다. 나는 옷 입기에 조금 신경을 쓰는 편이다. 최근에는 패션과 아트, 엔터테인먼트 쪽 케이스를 다루다 보니 더욱더 옷 입는 데 예민해졌다. 옷의 기능과 함께 밖으로 드러나는 미적인 측면도 중요하게 생각한다.

그러다 보니 겨울에도 옷을 두껍게 입지 않는 편이다. 키가 크지도 않고 호리호리한 체격인데 옷을 두껍게 입으면 좀 둔해 보인다는 생각이 들었다. 그런데 내복을 입지 않는 또 다른 이유가 있다. 왠지 뜨거운 청춘이 끝났다는 사실을 스스로 인정하는 듯한 느낌이 들기 때문이다. 10대 후반이나 20대 초반의 젊은이들은 한겨울에도 반발 티셔츠를 입고 농구를 한다. 휴식 중에는 땀을 흘리며 차가운 음료수를 들이킨다. 나는 안팎으로 겹겹이 꺼입고도 추위를 느끼는 장년이 아니라 이 젊은이들에게 더 가깝다고 느끼는데, 내복을 입는 순간 그 믿음이 무너질 것 같은 느낌이 들었다.

하지만 겨울은 좀처럼 끝날 것 같지 않았고, 냉기가 피부 속으로 파고들었다. 특히 김 대표님과 함께 전시가 진행될 동대문디자인플라자 일대를 돌아다닐 때는 귀가 새빨개지고 손발이 얼어붙는 것 같았다. 사람들이 전시장을 쉽게 찾고 자유롭게 출입하기 위해서는 외부에서 전시가 이루어지는 실내로 이어지는 동선을 잘 파악해서 공간 배치를 효율적으로 해야 한다. 이를 위해서는 동대문디자인플라자 근방을 수도 없이 걸어 다니며 아이디어를 짜내는 수밖에 없었다.

일주일 정도를 버티다가 결국 내복을 사야겠다고 결심했다. 매장을 찾아갔는데 적당한 내복이 없었다. 패션은 상품이 실제 수요보다 앞서가는 대표적 분야이다. 겨울옷이나 내복은 늦은 가을부터 초겨울까지가 성수기이다. 1월 중순쯤 되면 겨울옷과 내복이 판매대에서 사라지고 봄옷이 나오기 시작한다. 그래도 열심히 뒤져보니 세일을 하는 내복이 있긴 했다. 그런데 아래위 색깔이 안 맞았다. 상의는 흰색, 하의는 검은색으로 살 수밖에 없었다. 집에 와서 입고 거울을 보니 몸이 딱 반으로 나뉜 느낌이었다. 피식 웃음이 나왔지만 그런대로 매력적이라고 스스로를 위로할 수밖에 없었다.

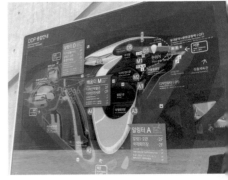

동대문디자인플라자DDP

그렇게 추위에 맞서며 동대문디자인플라자를 들락날락했다. 그러면서 이곳이 많이 익숙해졌다. 처음에는 이동 경로나 공간의 이름, 공간을 구분하는 이름 등 여러 가지가 어색했었다. 하지만 시간이 지나며 오래 드나들던 곳처럼 친숙해졌다. 그리고 처음 그곳을 찾았을 때 공간적 단점으로 여겨졌던 부분들도 어떤 역할을 하도록 배치하면 좋을지 차츰 아이디어가 떠오르기 시작했다. 그만큼 동대문디자인플라자는 내게 익숙한 공간이 되고 있었다.

백남준 쇼의 공간으로 동대문디자인플라자를 선택한 건 김 대표님의 아이디어였다. 몇 개월 전 김 대표님과 이런 대화를 나누었었다.

"장 변호사, DDP 어떨까?"

김 대표님이 배경 설명 없이 꺼낸 이야기는 뜬금없게 느껴졌다. 백남준 쇼를 여는 데 온 신경을 다 쏟는 분이니 그와 관련되었으리라 짐작은 했지만 무슨 말인지는 알 수 없었다.

"DDP가 뭐죠?"

맥락을 끊는 것 같았지만, 모르는 것을 아는 체 할 수 없어서 질문했다.

"동대문디자인플라자를 DDP라고 해."

"아, 예."

"DDP가 백남준 선생님 작품을 가장 잘 구현해낼 수 있는 공간이야."

대표님의 말씀은 확신에 차 있었다.

"네, 그렇군요. 염두에 두신 또 다른 장소는 없나요?"

나는 변호사답게 대안을 질문했다.

"없어."

대표님은 단호하게 대답하셨다.

DDP는 백남준 쇼를 기획하면서 유일하게 고려한 전시 공간이었다. 나도 직접 방문하여 자세히 둘러보면서 백남준 쇼의 취지와 DDP의 공간 특징이 절묘하게 맞아떨어진다는 사실을 발견했다. 나는 전시가 시작되는 장소가 전시장 입구라고 생각하지 않는다. 그보다는 누군가가 이 전시를 보아야겠다고 마음먹게 된 그 지점이 전시의 시작이라 여긴다. 그래서 전시 공간은 실제 전시를 접하기 전에 마음의 준비를 할 수 있도록 여건을 제공해야 한다. 그런 점에서 전시 공간이 갖는 이미지는 매우 중요하다. 전시의 특성과 잘 조화를 이룬다면 실제 전시에서 느끼는 감동이 어마어마하게 증폭된다. 대표님이 판단하기에, 그리고 내가 보기에도 DDP는 전시의 감동을 극대화시킬 단 하나의 장소였다.

## 익 숙 함 을   경 계 하 라

동대문디자인플라자는 백남준 쇼를 위한 최고의 공간으로 선정되었고 이 장소의 특징을 가장 잘 살릴 방법을 모색하기 위해 숱하게 드나들며 머리를 짜냈다. 그러면서 점점 익숙해지기 시작했다. 낯선 느낌이 사라지고 친밀해졌으며 심지어는 매서운 삭풍도 점점 포근해지는 느낌이었다.

'익숙함'은 매력적이지만 위험한 개념이다. 특히 비즈니스에서는 더욱더 그렇다. 비즈니스를 시작하면, 제공하려던 것이 제품이든 서비스든 그 자체의 아이디어에 열정을 쏟기 마련이다. 열정은 비즈니스 설계를 움직이게 하는 동력이 되고 늘 마주하는 현실의 장해물을 극복하는 근원적 힘이 된다. 하지만 이 열정이 때로 객관적 사실을 보지 못하는 근거가 되기도 한다.

익숙함도 이와 비슷하다. 단점조차 익숙해져버리고 객관적 판단을 하지 못하게 된다. 그래서 냉정한 판단이 중요하다. 비즈니스 설계를 하며 단점으로 지적된 부분을 잊지 말고 다시 찾아내 대책을 세워야 한다. 하지만 단점을 극복할 방법을 만들지 못하고 그대로 노출한다면 문제가 생긴다. 단점마저 익숙해진 열정이 가득한 사람은 단점을 인지하지 못한 채 그것이 고스란히 담겨 있는 제품이나 서비스를 공급한다. 그러면 고객은 그 단점까지 구매하게 된다. 고객은 그것이 익숙할 리 없다.

익숙해진 단점을 고객에게 노출시키는 동안 기회가 사라진다. 비즈니스에서 두 번의 기회는 없다. 그것을 기대하는 것은 어리석다. 그러므로 내가 열정을 품은 대상에 익숙해지는 것을 철저하게 경계해야 한다. 익숙함은 비즈니스를 쉽게 풀어갈 무기도 되지만 때로는 덫이 되기도 함을 잊지 않아야 한다.

나도 이 점을 경계하려고 했다. 동대문디자인플라자가 익숙해질수록 더욱더 낯선 시각을 가져보려고 애썼다. 단점을 놓치지 않으려 했고 다른 것과의 비교를 통해 냉정한 시선을 유지하려 했다. 그 방법 중 하나가 다양한 전시를 보는 것이었다.

나는 뉴욕에서보다 한국에 있는 동안 더 많은 갤러리를 방문하고 다양한 전시회를 보러 다녔다. 물론 뉴욕에서는 로펌이라는 정해진 틀 속에서 일하고 생활하였고 시간의 제약도 많아 갤러리를 다니는 게 쉽지 않았던 탓도 있다. 하지만 그보다 더 큰 이유가 있었다. 약간은 이질적인 뉴욕의 전시에 비해 한국의 전시는 한국인의 정서를 반영하였기에 나에게 익숙했고 감정적 교감도 컸던 것이다.

2016년 1월은 내가 내복을 챙겨 입어야 할 정도로 추웠지만 그래도 열심히 전시를 보러 다녔다. 전시를 보는 동안은 마음이 따뜻해졌고 움추렸던 몸도 누그러졌다. 특히 가평과 춘천 쪽을 돌며 전시를 볼 때는 많은 아이디어를 얻을 수 있었다.

내가 춘천 쪽을 택한 건 아마도 어린 시절의 기억 때문인 것 같다. 유년기에는 미술 분야에 관심이 많으셨던 어머니와 자주 전시장에 다니곤 했었다. 오랜 기억이라 전시의 모습까지는 기억나지 않는다.

어쨌든 나는 익숙함에 물들지 않으려고 시작한 전시회 관람이 또 다른 익숙함으로 이어지는 아이러니를 경험했다. 물론 익숙함에는 긍정적 측면도 많다. 처음 예화랑과 일을 시작하게 되었을 때 로펌과 전혀 다른 분야임에도 이질감을 느끼지 않았던 건 어릴 적 경험 때문이었으리라 확신한다. 처음 제안에 큰 망설임 없이 결심을 할 수 있었던 원동력도 그 때문이라고 생각했다.

클라이언트와 대화를 나누다 보면 그가 계획하고 진행하고자 하는 일들의 배경에 그의 추억이나 기억이 자리 잡고 있는 경우가 더러 있다. 아마 익숙함에서 오는 평안함 때문이 아닐까? 자라온 환경과 경험에서 나온 아이디어에서 비즈니스가 시작되는 것이다.

그럼에도 익숙함은 자칫 독이 될 수 있음을 잊지 말고 늘 경계해야 한다. 비즈니스에서는 객관성을 유지해야 한다. 익숙함의 따뜻하고 평안한 영혼은 살려야 하지만 잘못된 것까지 익숙해지지 않도록 경계하는 지혜와 균형 감각이 반드시 필요하다.

## 친구, 삶과 일 사이

한국에서의 일정을 일단 마무리하고 뉴욕의 로펌으로 돌아왔다. 그동안 밀렸던 업무를 처리하면서 바쁘게 지내다 보니 시간이 가는 줄도 모르는 사이에 몇 주가 흘렀다. 겨우 한숨을 돌릴 즈음에 반가운 연락이 하나 왔다. 뉴욕에서 친하게 지냈던 변호사 한 사람이 워싱턴DC의 미국 특허청에서 새로운 커리어를 시작하게 되었다고 한다. 미국 특허청은 USPTO United States Patents and Trademark Office라고 부른다. 미국 상무부 산하 14개 기관 중의 하나로서 비영리 독립기구이며 특허·실용신안·디자인·상표 등록과 관리 및 보호 업무를 한다.

나는 새롭게 커리어를 시작하는 친구에게 축하를 해주고, 그 참에 스미소니언에 들러 백남준 선생님 작품도 관람할 계획으로 워싱턴DC로 향했다.

변호사 친구는 멀리서 와준 나를 반갑게 맞아주었다.

"반가워. 올해 처음 보는 거지?"

"워싱턴DC는 지낼 만해?"

"학교 다니던 곳에 다시 오니 젊어지는 느낌이야."

"우리 한참 젊은데, 뭘 더 젊어져!"

우리는 대화를 나누며 유쾌하게 웃었다.

나는 미국에서 17년 가까이 살았지만, 가깝게 지내는 백인 친구가 거의 없다. 보스턴 대학교 기숙사에서 함께 생활했던 몇몇이 백인 친구의 전부다. 사회에 나와서 친하게 지내는 사람은 대부분이 유색인종 변호사였다. 미국 특허청에 근무하게 된 친구도 흑인 변호사로 기업 소송Commercial Litigation을 전문으로 했었다.

그와 나는 아메리카 대학교American University 로스쿨에서 만났다. 함께 공부하며 친해졌고 뉴욕에 와서도 자주 만났다. 우리 두 사람 모두 비즈니스 케이스를 다루고 있어 소통도 잘되는 사이였다.

American University Washington College of Law Library

"사는 게 너무 빡빡하진 않아?"

그가 왠지 철학적으로 들리는 질문을 던졌다.

"일하는 삶이, 아니면 살아가는 삶이?"

내가 장난기를 머금고 되물었다.

"하하, 맞다. 둘이 다르겠군."

그가 유쾌하게 웃었다.

"각자 선택에 책임지는 것이겠지."

내가 말했다.

뉴욕의 소송 전문 로펌에서 좋은 대우를 받던 그가 갑자기 미국 특허청 공무원으로 자리를 옮긴다는 소식에 조금은 의아스러운 점이 있었다. 하지만 이해가 되는 면도 있었다.

"일단 마음이 편해. 내 시간도 확실히 많고. 잘한 결정인 것 같아."

그가 웃으며 말했다.

"생활은 어때?"

내가 물었다.

"괜찮아, 이제 아끼고 살아야지. 뉴욕에서 좀 더 모아놓고 그만둘 걸 그랬나? 하하."

"집은?"

"나는 워싱턴DC가 마음에 들어. 그래서 주택담보대출 얻어서 작은 콘도나 하나 살까 생각 중이다."

"그래, 요즘 주택담보대출 이자율이 괜찮더라."

"아, 맞다. 너 뉴저지에 집 샀잖아?"

"그래. 나도 주택담보대출을 얻었는데, 빌린 돈을 계산해보니 지하에서 1층 올라오는 계단까지는 내 소유이고 그 이상은 은행 거야. 30년간 조금씩 갚다 보면 2층까지 차지할 수 있겠지. 2~3년이면 주방까지는 내 것이 되지 않을까!"

"하하, 열심히 갚아."

"그래서 미친 듯이 일하는 중이다. 하하."

"조금 안정되면 좋은 사람도 만나고, 그러고 싶다."

그의 말에는 모두가 바라는 소박한 삶의 염원이 담겨 있었다.

"그래, 그래야지."

내가 격려하듯 말했다.

"이제, 맘먹고 찾아보려고."

"그래, 그래."

"넌 어때? 일은 어때? 케이스들은 잘 진행돼?"

친구가 케이스 이야기를 하자 순간 멈칫했다. 미국 특허청과 조금

미국 특허청

어긋나고 있는 케이스가 하나 있었기 때문이다. 우리 로펌에서는
상당한 공을 들인 케이스였다. 물론 수임할 때부터 어렵다는 것을
로펌과 의뢰인 회사 쪽에서도 잘 알았고 그렇게 시작했다. 그런데
우리가 느끼기에 미국 특허청에서 무엇인가 여지를 주는 듯했다.
그래서 열심히 준비하고 요구 사항을 잘 이행했었다. 그런데 거절을
당해서 재심Reconsideration을 준비하던 중이었다.

"바쁘겠다. 백남준 전시 맡았다며?"

내가 머뭇거리자 친구가 다른 질문을 했다.

"참, 다양한 일을 하는군."

그의 말투는 애정이 깃들어 있어 전혀 비꼬는 느낌이 들지 않았다.

"하하, 주택 대출금 갚아야지."

내가 웃으며 대답했다.

"지적재산권 부분의 일이 많겠군."

친구가 그렇게 말하자 나는 또 멈칫했다. 비밀 유지 의무를 지닌 변호사로서 이야기가 더 깊어지면 안 되겠다는 판단이 들었다.

"내가 특허청에서는 완전히 신입이라 별로 아는 건 없지만, 그래도 궁금한 게 있으면 물어봐. 가상의 상황Hypothetically으로 말이야!"

같은 변호사로서 내 마음을 알아차렸는지 친구가 말했다.

"하하하, 그러지."

미국 변호사법 1.6을 보면 변호사 사이에는 의뢰인 케이스에 대해 가상 상황을 전제로 한 질문Hypothetical Question을 하는 걸 허용하고 있다. 물론 변호사 의무 중 열성적 변론Zealous Representation과 클라이언트의 비밀 유지 의무 사이에 수많은 논의가 존재한다.

"나, 이제 들어가야 돼!"

"그래."

"뉴욕에는 언제 돌아가?"

"온 김에 스미소니언에 갔다가 저녁에 올라가려고."

"열심히 잘살아!"

"너도. 워싱턴DC에서 행복하길!"

점심시간에 짬을 낸 친구와의 짧은 만남이 이렇게 끝났다.

## 비 즈 니 스 와   인 간 관 계

사회관계에서 이해관계가 겹치거나 충돌할 때 그것을 얼마나 잘 해결하느냐가 관계 유지의 관건이 되기도 한다. 비즈니스 관련 일을 하다 보면 케이스를 진행할 때 팀을 구성하는 경우가 많다.

소규모의 부띠끄 로펌이 큰 케이스를 처리하는 방법은 기본적으로 네트워크를 형성하는 것이다. 예를 들어 우리 로펌이 케이스를 수임한 후, 우리가 강점이 있는 비즈니스 거래Transaction, 지적재산권 등록, 이민 등의 부분은 우리가 직접 처리하고, 거래 쪽에서 일어날 수 있는 소송은 평소에 파트너십을 맺고 있는 해당 분야 전문 로펌이, 세금 부분은 CPA나 CPA를 겸하는 변호사 로펌이 맡아서 움직이는 식이다. 이런 관계는 프로페셔널 네트워크 안에서 형성 된다.

비즈니스에서 네트워크의 형성이 중요하다는 것은 두말할 필요도 없을 것이다. 비즈니스도 어차피 사람과 사람이 만나서 하는 것이다. 그러니 네트워킹을 통한 인간관계의 중요성에 대해서 길게 말하는 것은 잔소리요 시간낭비일 것이다. 하지만 네트워킹을 정의하는 방식에는 차이가 있다. 그 정의에 따라 네트워킹의 특성이 나뉜다.

네트워킹의 기본 아이디어는 연결성이다. 하지만 그 연결성을 어떻게 이해할 것인지를 생각해볼 필요가 있다.

나는 로스쿨에 다니며, 또 처음 사회에 나와, 네트워크를 잘 쌓아야 한다는 이야기를 수없이 들었다. 그래서 학교와 지역 단체, 미국 전역 단위로 열리는 수없이 많은 네트워킹 이벤트에 갔었다. 그러면서 차곡차곡 쌓여가는 명함에 은근한 뿌듯함을 느끼고 왠지 내가 세상 사람을 다 아는 듯한 착각에 빠져보기도 했다. 그렇다면 그들은 나의 네트워크일까? 나는 그들에게 네트워크적 역할을 해주었던 것일까?

나는 네트워킹의 연결성을 주고받는 관계로 이해한다. 보통 네트워킹을 얘기할 때 내가 나중에 도움을 받을 수 있는지를 생각한다. 그러면 내가 네트워킹의 주체로 받아들이는 상대방에게 나는 무엇이 되는 것인가? 그렇다. 네트워킹은 일방이 아닌 양방의 관계 속에서 형성되어야 그 연결성이 유지된다.

그렇다면 주고받는다는 것은 무엇인가? 이 부분은 상당히 주관적인 해석이 가능하다. 왜냐하면 주고받는 것에 대한 가치 측정 역시 다분히 주관적이기 때문이다. 즉 상대방이 가지고 있는 무형적 가치, 예를 들어 잠재력, 같은 결을 가졌기에 느낄 수 있는 심리적 편안함, 인간적 호감 같은 것들이 객관적 가치 판단보다 훨씬 복잡한 가치 판단의 기준으로 네트워킹 안에서 이해되어야 한다.

인간관계에서 내가 누군가에게 싫은 존재이길 원하는 사람은 아무도 없다. 누구나 다른 사람에게 좋은 사람으로 비치고 싶은 게 인지상정이다. 나는 비즈니스 쪽 일을 처음 시작하면서 형사 사건을 담당할 때와는 달리 정말 많은 사람들과 관계를 맺고 수없는 소통을 하게 되었다. 그리고 그 관계 속에서 상처를 받고, 의도하지 않았음에도 상처를 주기도 했다.

나는 기본적으로 모든 사람이 선하다고 믿는다. 다만 어떤 절박한 상황 때문에 그 선함이 퇴색된다고 생각한다. 본성인 선함이 갈 길을 잃고 헤매는 것이다. 곳간에서 인심난다는 속담이 있듯 상황과 환경에 따라 잘하고 싶어도 잘할 수 없을 때가 많다. 하지만 이 환경적 요소라는 것 또한 다분히 주관적이다. 각기 가지고 있는 정신적 여유로움의 범위가 매우 다르기 때문이다. 그래서 부잣집이라는 개념은 절대적이지 않으며 개별적 가치 판단이 된다. 그러기에 인간관계에서 그 다름을 인정하는 것이 중요하다. 즉 남과 내가 다름을 당연시해야 하는 것이다.

비즈니스 네트워킹의 가장 보편적인 유형은 파트너십이다. 가장 단순하게 보자면 악수로부터 비즈니스 네트워킹이 시작된다고 할 수 있겠다. 파트너십은 대부분 처음에는 훈훈하게 시작된다. 그리고 그 훈훈함은 비즈니스가 이윤 창출로 진입하기 전까지 이어지는 게 일반적이다. 즉 이윤 창출 모드로 들어가지 않은 채 비즈니스가 끝난다면 그 파트너십은 훈훈함 속에서 해소되며 다음을 기약하도 한다.

하지만 이윤창출 모드에 들어갈 때는 여러 입장 차이가 생기기 마련이다. 인간은 돈이라는 굴레에서 완전히 자유로울 수 없기 때문이다. 실제로 로펌이 다루는 신규 창업(Start-up) 비즈니스 케이스 중 분쟁 해결이 제법 많은 부분을 차지한다. 양쪽이 다 변했을 때 서로는 감정적일 수밖에 없다. 그래서 나는 당사자 양쪽이 변했다는 것보다는 상황이 변한 것에 초점을 맞춰 논리를 펴야 한다고 생각한다.

즉, 환경적 요소가 바뀌었기에 이익 당사자가 예전 상황에서처럼 행동하기를 기대하는 것 자체가 무리라고 판단한다. 이윤에 대한 만족도를 가질 수 있는 라인은 각 주체의 주관적 판단에 의한 것이기에 파트너의 기준이 나의 기준이 될 수는 없다. 이 점을 인정해야 한다. 이윤 창출 모드까지 들어오게 된 것은 그간 서로에 대한 파트너십이 있었기에 가능했음을 서로가 인정해줘야 한다. 계약이나 법적인 장치를 미리 마련해두면 좋겠지만 네트워킹을 기반으로 하는 비즈니스의 특성상 시작 단계에서 미리 그 부분을 준비하는 것은 현실적으로 쉽지 않다.

## 스미소니언에서 만나는 백남준

친구와 헤어진 후 나는 스미소니언으로 향했다. 스미소니언은 1846년 영국인 과학자 제임스 스미슨James Smithson이 기부금을 출연해 만든 박물관이다. 흥미로운 사실은 제임스 스미슨은 미국과는 아무 연고도 없으며 심지어 한 번도 와본 적조차 없던 사람이었다는 것이다. 그런데도 그는 "인류의 지식을 넓히는 시설을 워싱턴에 설립하고 싶다"고 유언하고 55만 달러의 거액을 기부했다고 한다.

현재 스미소니언에는 6,000명의 직원이 있으며 워싱턴DC 안에

13개의 박물관과 갤러리, 동물원을 운영 중이다. 문화재와 예술품을 합쳐 1억 점이 훨씬 넘는 수집품을 보관하고 있지만 공간 제약으로 1% 정도만 전시하는 실정이라고 한다.

이렇듯 미국의 유서 깊은 장소에 백남준이라는 한국 출신 예술가의 작품이 전시되어 관람객의 사랑을 받고 있다는 사실은 매우 인상적이다. 나는 그전에도 몇 번 백남준 선생님의 작품을 보았었지만, 그분의 전시를 기획하게 될 거라고는 생각지 못했었다. 그래서 이번 관람은 다른 때보다 크게 설렌다.

백남준 선생님의 작품은 스미소니언의 여러 시설 중 SAAM<sub>Smithsonian American Art Museum: 스미소니언 아메리칸 아트 미술관</sub>에서 전시 중이다. SAAM은 1800년대에 문을 연 전통이 가득한 갤러리로서 미국이 영국의 식민지이던 시절의 미술 작품부터 전위적인 현대 미술품에 이르기까지 모든 시대의 미국 미술을 아우르는 공간이다. 따라서 이곳을 둘러보면 미국 미술의 흐름과 특징을 이해할 수 있다.

SAAM 3층의 링컨 갤러리에는 백남준 선생님의 〈Electrifying Highway〉가 영구적으로 상설 전시되고 있다. 336대의 텔레비전과 약 600피트의 네온등을 이용해 미국 50개 주와 워싱턴DC를 시각적으로 표현해낸 이 작품은 영상과 불빛을 조화시킨 표현력과 엄청

스미소니언 아메리칸 아트 미술관에 전시된
백남준 〈Electrifying Highway〉

난 스케일로 많은 관람객의 감동을 자아내고 있다.

나는 반나절 정도 전시를 보았는데 다른 작품들보다 백남준 선생님의 작품 앞에 유독 사람이 많이 붐볐다. 뛰어난 작품에 너나 할 것 없이 큰 호응을 보내며 감동하는 걸 보면서, 인간이 지닌 보편적 심미안은 시대와 인종을 뛰어넘는 것이라는 생각이 들었다.

혼자서 전시장을 둘러보는 것은 그리 쉽지 않았다. 전시 관람은 어느 정도 지식을 기본적으로 필요로 하기 때문이다. 따로 설명해 주는 사람이 없으니 혼자서 이해하려는 노력이 필요했다. 같은 층에 있는 백남준 선생님 작품을 몇 가지 더 둘러본 후 나오는 길에 기프트 숍에 들렸다.

기프트 숍은 전시장의 요약판이라 할 수 있다. 물론 상업적이지만, 미술관이 보여준 최고의 작품이나 대중성이 풍부한 작품들을 상품으로 만들어 판매하는 공간이기에 기프트 숍에서 보내는 시간이 낭비라고 느껴지지는 않았다.

SAAM의 기프트 숍에서 백남준 선생님 작품을 상품화한 것들이 차지하는 비율이 제법 크다. 제품도 다양하지만, 상업적 이유가 충분히 고려된 배치에서도 최상의 자리를 차지하고 있다.

나는 포스터 카드와 책 그리고 티셔츠를 한 장 샀다. 포스터 카드는 여러 사람들이 너도나도 구매하기에 나도 사야 한다고 느꼈던 것 같다. 그리고 보면 문화 콘텐츠 상품은 한계가 없는 것 같다. 백남준 선생님이 돌아가신 지 10년이 지난 지금도 전 세계에서 온 사람들이 스미소니언 아메리칸 아트 미술관을 방문하여 그의 작품을 보며 감동에 젖는 것을 보면 말이다.

백남준 선생님은 자신이 글로벌 비저너리Global Visionary로 기억되기를 원하셨다. 그래서 그가 어느 나라 사람이었다고 규정하는 건 어쩌면 잘못된 일이기도 하다. 하지만 작품 속에서 자연스럽게 드러나듯 백남준 선생님 콘텐츠의 원천은 분명히 한국이다. 그런데 미국이나 다른 나라에서 '백남준'이라는 문화 콘텐츠가 발휘하는 영향력은 실로 엄청나다. 그런데 막상 한국에서는 백남준 선생님의 세계적인 문화 콘텐츠가 그렇게 대중적이지 않다. 이 사실은 어찌 보면 안타까운 비극이다.

나는 백남준 선생님의 작품을 보면서 왜 이토록 위대한 가치를 그대로 방치하는지 의아스러운 생각이 들곤 한다. 문화 콘텐츠의 힘이 실로 막강한 데 말이다. 당장의 크기도 어마어마하지만 이후 지속성 또한 무시할 수 없는 큰 가치를 갖고 있다. 나는 이 사실을 확신한다. 한국에서도 문화 콘텐츠를 미래 산업의 주역이며 부가가

치의 새로운 원천으로 보고 정부와 기업을 중심으로 적극적인 육성을 하고 있는 것으로 안다. 더욱이 좁은 국토와 제한된 자연자원을 보유한 나라에서 사람의 창조력을 극대화하는 문화 콘텐츠 분야는 필연적인 선택이 될 것이다.

한편으로는 뿌듯한 마음을 한편으로는 아쉬운 마음을 품고 미술관을 나섰다. 그리고 뉴욕 로펌 사무실로 돌아와 다시 바쁜 일상에 빠졌다.

워싱턴DC를 다녀온 지 며칠 뒤 갑작스럽게 플로리다 출장 계획이 잡혔다. 플로리다 오피스에서 조금 큰 투자 이민 관련 케이스 상담을 내가 직접 해주었으면 하는 요청이 왔기 때문이다.

## 플로리다 오피스의 실패 경험

우리 로펌은 2013년에 플로리다주 올랜도와 마이애미에 브랜치 오피스를 열었다. 결론부터 이야기하자면 비즈니스 확장에서는 크게 실패했다. 지금도 뉴욕 오피스와 실리콘밸리 오피스에서 많은 지원을 해주고 있는 상황이다.

플로리다 오피스

비즈니스 확장이 실패한 이유로 여러 가지가 있겠지만, 핵심적인 요인을 들자면 플로리다라는 시장을 제대로 이해하지 못했던 탓이다. 뉴욕 오피스의 사업이 점차 안정되어갈 때쯤이었다. 당시 나는 뉴욕 주 변호사협회에서 이런저런 일을 하며 여러 컨퍼런스를 다녔다. 그리고 다양한 분야의 변호사들과 다양한 주제의 대화를 나누고 새로운 아이디어를 듣곤 했었다.

그런데 그 무렵 뉴욕을 비롯한 몇몇 대도시의 비즈니스 로펌들이 당시 플로리다와 텍사스로 많이 진출했다. 이 지역들의 경제 규모와 성장성에 주목했기 때문이다. 나는 플로리다에 집중했다. 남미쪽의 시장에 늘 관심을 가지고 있던 나에게 플로리다는 어쩌면 당연한 선택이었다.

나는 가장 신임하던 변호사에게 뉴욕 오피스의 업무를 모두 일임하고 플로리다로 내려갔다. 유명 로스쿨 출신 변호사들로 팀을 꾸려서 플로리다 시장의 문을 두드렸다. 플로리다는 삼면이 바다로 둘러싸인 반도 지형이다. 지리적 환경만큼이나 다른 상황들도 매우 독특하다. 플로리다 시장은 그 지역 사람들이나 오래전부터 터를 잡은 사람들 중심으로 움직인다. 다른 주 출신에 대한 배타심도 제법 강하다. 나는 이 중요한 사실을 몇 년이 지나서야 깨달았다. 플로리다 로펌 시장의 진입장벽은 생각했던 것보다 훨씬 높았다.

플로리다의 진입장벽을 두드리는 동안 나는 흥미로운 사실을 알게 되었다. 우리를 비롯한 많은 로펌들이 명문 로스쿨 출신들을 앞세우고 그 지역 출신 변호사를 고용하지 않았는데, 유명 로펌은 그 지역 출신 변호사를 고용했다는 점이다. 미국 전역에 인지도를 쌓은 유명 로펌도 지역 변호사를 앞세워 친밀성을 높이는 마케팅 전략을 쓰고 있었다. 그런데 우리 로펌은 시장 진입을 위한 기본 전략이 잘못되어 있었던 것이다.

또 다른 실패 요인도 뼈아프게 지적된다. 로펌 자체의 체계적인 준비가 부족했던 것이다. 그 지역의 지리적 특징이나 타깃 시장의 경제 상황에 대한 정보와 대응책은 잘 마련했지만 정작 비즈니스를 이끌어갈 주체를 준비하지 못했다. 또한 뉴욕과 지역 오피스를 연결하는 시스템도 갖추지 못했다.

확장이 무리했다는 지적도 일리가 있다. 나는 내 계획에 대해 지나친 확신과 낙관을 품었었는데 이것이 일을 그르치는 데 크게 한몫했다. 냉철하고 객관적인 상황 판단을 하지 못했던 것이다. 지금 돌이켜보면 주위의 전문가들과 입체적 점검을 할 기회를 충분히 만들 수 있었는데도 그 소중한 기회를 스스로 외면해버렸다.

나는 플로리다에서의 실패를 가져온 이 세 가지 요인을 깊이 되새기고 있다. 그리고 이 실패 경험을 바탕으로 미국에 진출하는 한국 기업들에게 조언을 드리고 싶다. 먼저 진출하고자 하는 시장을 최대한 자세히 조사해야 한다. 그리고 그 시장에 적합한 준비를 내가 갖추고 있는지 냉정하게 살펴보아야 한다. 그다음으로 모든 것을 객관적으로 평가해줄 주체가 반드시 필요하다. 최소한 이 정도의 전제는 필요하다. 그렇지 않다면 실패할 확률이 높다.

비즈니스는 일종의 퍼즐 게임이다. 작은 일의 성공이나 실패에 일희일비하지 않아야 한다. 나는 플로리다의 실패를 하나의 퍼즐로 보지 않았다. 하나의 퍼즐을 구성하는 작은 퍼즐이 있다. 플로리다 오피스는 그 작은 퍼즐 중 하나다. 이렇게 하나하나 게임을 즐기다 보면 결국 멋진 퍼즐이 완성된다. 이것이 바로 비즈니스라는 매력적인 경험이 아닐까?

플로리다의 경험은 최근에 실리콘밸리 오피스를 여는 데 큰 디딤돌이 되었다. 또한 엔터테인먼트 분야의 시각을 틔우고 감각을 익히는 데도 큰 도움이 되었다. 뉴욕으로 돌아오기 전 2년 조금 넘는 시간 동안 올랜도와 마이애미에서 경험한 엔터테인먼트 환경 요소는 내가 엔터테인먼트 비즈니스 디렉팅을 하는 데 유용하게 작용했

다. 어찌 보면 플로리다는 나에게 엔터테인먼트라는 개념의 퍼즐이
되었다.

## 엔터테인먼트 비즈니스

엔터테인먼트 사업은 몇 가지 분야로 한정하기 쉽지 않다. 수많
은 분야로 파생될 여지가 크기 때문이다. 또한 다른 분야보다 지적
재산권 문제가 많이 이슈화 되는 분야이기도 하다.

플로리다에서 진행한 투자 상담은 매우 재미있는 아이디어였다.

"변호사님, 어떻게 생각하세요?"

의뢰인이 자신의 비즈니스 플랜에 대한 상세한 설명을 끝내고 나
에게 물었다.

엔터테인먼트 비즈니스 분야는 늘 새로운 아이디어가 넘친다. 거
의 매일 새로운 아이디어를 접할 수 있다. 하지만 이건 확실히 새로
웠다. 뉴욕에서 플로리다로 출발할 때 개요는 듣고 왔지만, 막상 직
접 들으니 출장 올 가치가 있는 프로젝트였다.

현재 진행 중인 프로젝트이며 비밀 유지 의무가 있는 변호사 신

분이라 구체적인 아이디어를 공개할 수는 없다. 의뢰인이 허락한 범위 내에서 이야기하자면 모바일 앱을 이용하여 엔터테인먼트 정보를 비교하는 것으로 매우 참신한 아이디어를 바탕에 깔고 있다. 이미 기술을 개발하여 가동할 수 있는 수준이고 초기 투자금도 일정 정도 확보한 프로젝트였다. 나는 다음날 다시 보기로 하고 플로리다 오피스로 돌아와 뉴욕 사무실에 전화를 했다.

"미팅 끝났어. 이거 괜찮은데? 프리젠테이션 파일 확인해봐. 그 사람이 처음에는 내가 어떤 변호사인지 한참 재보며 고민하다가 만난 지 30분쯤이나 지나서 프레젠테이션 파일을 보여주더라고."

잠시 시간이 흘렀다. 뉴욕에서 연락이 왔다.

"변호사님, 문서 확인하고 내부에서 간단한 미팅을 했는데요. 이게 지적재산권 부분이 쉽지 않을 거 같은데요?"

"카피라이트Copyright 문제?"

"예."

"공정 사용Fair Use으로 풀 수 없을까?"

미국 저작권법에는 'Fair Use' 관련 조항이 있다. 비상업적인 목적일 때 저작권자의 이익을 부당하게 침해하지 않는 범위 내에서 저작권자의 허락 없이 저작물을 제한적으로 사용할 수 있도록 허

COEX KIMES 2015 FDA & 비즈니스 강의

동국대 스타트업과 비즈니스 기획 강의

용하는 것이다.

"'Fair Use'가 방어책이 될 수는 있겠죠."

"중요하고 예민한 사안이니까 전체가 함께 의논하는 게 좋겠군. 같은 이야기를 여러 번 반복하는 것도 좋지 않고 지금 실리콘밸리에 연결해서 한 번에 같이 이야기하지."

"네, 확인하고 연락드리겠습니다."

잠시 후 뉴욕에서 다시 연락이 왔다.

"변호사님, 실리콘밸리 오피스 변호사님까지 세 분 다 연결되어 있습니다."

"고마워. 점심시간인데 미안, 우리끼리 이야기하다가 'Fair Use'가 네 전문 분야라 의견을 들어보고 싶어서 연락했어. 내가 프로젝트를 살펴보니 무척 좋아. 글로벌 확장성도 있어서 더욱 맘에 들고."

나의 말로 세 곳의 사무실이 전화로 연결된 회의가 시작되었다.

"뉴욕 쪽에서는 'Fair Use'가 유일한 대응책이라고 판단하는데, 이 경우에 적용할 수 있습니까?"

뉴욕 쪽 변호사가 질문했다.

"Fair Use가 4개 요소지?"

내가 실리콘밸리 오피스의 변호사에게 물었다.

"네. 1. The purpose and character of the use, including whether such use is of commercial nature or is for nonprofit educational purpose, 2. The nature of the copyrighted work, 3. The amount and substantially of the portion used in relation to the copyrighted work as a whole, and 4. the effect of the use upon the potential market for or value of the copyrighted work 입니다."

실리콘밸리 변호사가 법 규정을 그대로 옮겨 답했다.

"이 케이스가 상업적 목적인 건 맞습니다. 하지만 'Kelly v. Arriba Soft Corp.' 케이스를 적용할 수 있지 않을까요?"

뉴욕 변호사의 의견이다.

뉴욕 변호사가 언급한 케이스는 검색 결과를 작은 이미지로 나타내는 시각적 검색엔진 운영회사를 대상으로 웹페이지의 이미지 저작권 보유자가 낸 소송인데, 법원은 저작권자의 권리가 크게 침해받지 않은 공정 이용이라고 보고 검색엔진 운영회사에게 유리한 판결을 내렸다.

"앱은 무료인가요?"

실리콘밸리 변호사가 물었다.

"기본은 무료로 진행하겠지. 그 안에서 돈을 낼 다른 요소를 만들겠지만."

내가 대답했다.

"요즘 다 그렇게 하죠."

실리콘밸리 변호사가 대답했다.

"나는 2009년에 아이폰을 처음 샀는데, 앱을 다운로드해서 깔면서 정말 궁금했어. 무료 앱이나 0.99달러 앱 같은 거 만들어 파는 회사들은 어떻게 돈을 벌어서 운영하는 건지. 지금 보니 참 순진하고 어리석은 생각이야."

잠깐 내 경험을 이야기했다.

"하하, 그렇죠."

뉴욕 변호사가 거들었다.

"나는 얼마 전에 카카오톡 이모티콘을 샀어. 살까 말까 망설였는데, 한국에 가니까 다 쓰더라고. 그래서 하나 사봤는데, 이게 사니까 또 사고 싶어지는 거야."

사소한 개인사였지만, 무료 앱들이 수익을 얻는 모델이기에 개인 경험을 더 이야기했다.

"앱이 기본적으로는 무료여야 합니다. 그래야 Fair Use를 적용할 수 있습니다."

실리콘밸리 변호사가 핵심을 이야기했다.

"그래. 내가 앱을 무료로 진행해야 한다고 다음 미팅 때 이야기할 게. 무료로 하는 게 꼭 필요하다고 강조할게. 실리콘밸리 쪽에서 법률적 내용을 잡아주면 뉴욕 오피스에서 정식 의견서Opinion Letter를 작성하지."

내가 대략의 가닥을 잡았다.

"네. 언제까지 필요하세요?"

실리콘밸리 변호사가 물었다.

"오늘."

내가 단호하게 말했다.

"오늘이요?"

실리콘밸리 변호사가 내가 너무 급하다고 느꼈는지 되묻는다.

"뉴욕이랑 3시간 차이 나잖아. 오늘 보내줘야 뉴욕에서 하루 작업해서 내일 오전 중에 플로리다로 보내지."

내가 재촉했다.

"일단 첫 번째 요소는 그렇게 하죠."

실리콘밸리 변호사가 몹시 난처해했다.

"오늘 꼭 해서 보내줘야 돼."

나는 막무가내였다.

"휴…."

실리콘밸리 변호사가 대답 대신 한숨을 쉬었다.

"알았어. 일단 네 번째 조항까지 검토한 후에 다시 이야기하자."

내가 한발 물러섰다.

"다음은 Transformative nature of use인데요, 주요 케이스는 Authors Guild, Inc. V. HathiTrust와 Campbell v. Acuff-Rose Music Inc.입니다. 결국 기존 목적과 다른 부분을 보여주어야 합니다."

실리콘밸리 변호사가 대화를 이어갔다.

"이 경우는 달라."

내가 단정하듯 말했다.

"하하, 변호사님은 맨날 다르다고 하시네요."

"달라야 하니깐 다른 거지."

"하하하."

"그렇죠. 달라야 하죠."

막 로스쿨을 졸업한 신참 변호사나 여름에 인턴으로 일하는 로스쿨 학생들은 상황과 목표 사이에서 헤매는 경우가 많다. 물론 일을 할 때는 최대한 객관성을 확보해야 한다. 양쪽 입장을 균형 있게 대변하는 것 역시 중요하다. 하지만 현실에서는 이미 객관적 상황이 만들어진 경우가 많다. 그렇다면 당장의 상황을 놓고 우리 쪽 입장을 관철시키기 위한 부분만 필요하게 된다. 결국 이 부분이 로펌의 존재 가치를 주며 의뢰인 역시 여기에 의지하게 된다.

"분명히 다르다니까. 목적이 완전히 달라."

내가 거듭 강조했다.

"이건 지난번 케이스와는 조금 다른데요. 저도 살짝 다른 것 같긴 해요."

실리콘밸리 변호사도 어느 정도 동의하는 눈치다.

"그럼, 우리 이번에는 안 싸워도 돼?"

내가 반가운 마음으로 말했다.

"저, 저번에 두 변호사님 싸우는 데 정말 난감했던 거 아시죠?"

뉴욕 변호사가 끼어들었다.

"그래, 미안해."

내가 부드럽게 말했다.

"저도 죄송했어요."

실리콘밸리 변호사도 사과했다.

"가까이 있어야 술 한잔하는데…. 그래도 그 케이스 끝나고 뉴욕에서는 즐겁게 회식했어. 실리콘밸리에도 회식비는 보냈잖아."

내가 이야기했다.

"아무튼. 너무 다르다고만 하진 마세요."

실리콘밸리 변호사가 거듭 강조한다.

"프로젝트가 마음에 드니까 그렇지. 다르게 한번 가보자."

나도 양보하지는 않았다.

"그럼 일단 이미지가 어떻게 쓰일 것인지, 각 기기 저장 방식은 어떤지 등을 확인해 주시겠어요?"

실리콘밸리 변호사의 요청이다.

"그건 제가 통화 후에 확인하고 바로 이메일 드리겠습니다."

뉴욕 변호사가 말했다.

"그럼 다음 사항을 보지. 두 번째는 당연히 카피라이트 이슈이니까."

내가 말했다.

"세 번째도 결국은 목적성이랑 연결되는데요."

뉴욕 변호사의 의견이다.

"그럼 역시 Kelly v. Arriba Soft Corp 케이스가 Controlling Authority네요. 목적성과 사용되는 양에 따라서 'Necessity'와 'The least amount acceptable'을 판단하게 되는 건데…."

실리콘밸리 변호사가 상세한 설명을 붙였다.

"어떻게 생각해?"

내가 단도직입적으로 물었다.

"또, 너무 앞서가십니다."

실리콘밸리 변호사가 즉답을 피했다.

"하고 싶으니까. 이거 할 수 있지?"

내가 떼를 쓰듯 재촉했다.

"하하, 이것도 양적인 부분을 알려주시면 한 번 더 논의해봐야겠는데요."

실리콘밸리 변호사가 확실한 답을 내놓지 않는다.

"이렇게 하자. 차라리 어느 정도라고 말해. 그러면 내가 의뢰인을 설득해서 그 라인에 맞춰볼게. 그래야 제대로 돌아갈 것 같아."

내가 중재안을 내놓았다.

"하…, 변호사님, 그러다가 목적성도 만드시겠어요!"

실리콘밸리 변호사는 내가 너무 급하게 간다고 생각하는 것 같왔다.

"케이스는 만들어가는 거니까. 난 케이스를 만든다는 개념이 좋아. 알잖아. 내가 케이스를 처리한다는 단순 개념보다 케이스를 만들어가며 처리하는 걸 즐기는 거."

"알죠."

"네."

"그럼 만들자! 맞춰보면 되지. 비즈니스는 생명체인데, 조금씩 다독이며 만들어가면 되잖아. 일단 지금 현재 가지고 있는 걸로 어느 정도 리스크가 있는지 조사해보고, 리스크를 최대한 줄이려면 목정성과 양에서 어떻게 가야 하는지 다시 의논하자. 일단은 이거 진행하는 걸 가정하고."

"그럼 네 번째 이슈도 일단 그 선상에서 이해하면 되겠는데요?"

"그렇지. 역시 목적이네."

"네."

"아무튼 오늘까지 이거 보내줘."

"하하, 네 그러겠습니다."

"아, 그리고 한 가지 더 있습니다."

"뭔데?"

"프라이버시 이슈도 따라올 수 있을 것 같은데요?"

"음. 그러네요."

"그래, 프라이버시 문제가 생길 수 있겠다."

"너무 Fair Use에만 집중했네."

"그리고 보니 앱 구동 자체가 프라이버시 요소를 안고 있는데?"

"그러면 두 방향으로 가자. 실리콘밸리에서는 Fair Use 분석하고, 프라이버시 이슈 쪽은 뉴욕에서 맡아서 하지. 내일 오전 중에 의견서 제출하는 걸로 하자."

"네."

길었던 전화 회의가 이렇게 끝났다. 이 케이스는 워낙 복잡한 이슈가 섞여 있어서 그 후로도 내가 플로리다에 몇 차례 출장을 가야 했다.

엔터테인먼트 비즈니스 이야기를 하고 있으니 놀이동산이 떠오른다. 나는 놀이동산을 정말 좋아한다. 놀이동산이 지니고 있는 엔터테인먼트적인 요소가 흥미롭다. 그리고 놀이동산을 운영하는 큰 회사들이 엔터테인먼트 요소를 사람들에게 어떻게 어필하면서 마케팅을 하는지 분석하는 것도 재미가 있다. 그래서 나는 플로리다 출장 중엔 꼭 디즈니월드에 들른다.

디즈니월드에서 시간을 보낸 후 트램Tram을 타고 나올 때면 어린 아이들의 손마다 미키마우스나 미니마우스 등의 문화 콘텐츠 상품이 들려 있는 걸 볼 수 있다. 그럴 때면 생각에 잠기곤 한다.

'언제 적 미키마우스, 미니마우스인데.'

미키마우스는 몇 십 년이 지나도 어떻게 저렇게 건재할 수 있을까? 실로 대단한 일이다. 그것은 바로 미키마우스가 문화 그 자체로 사람들에게 각인되었기 때문이다. 이렇게 시간을 초월하여 사람들의 사랑을 받기까지는 미키마우스만의 수많은 노력이 뒤따랐다. 실제로 미키마우스의 디자인도 시대에 따라 조금씩 변하며 진화하였다. 또한 미키마우스라는 문화 콘텐츠를 영화, 테마 마크, 어린이 도서 그리고 어른들이 즐길 수 있는 콘텐츠로 만들어냈다. 이 모든 것을 동시다발적으로 발전시킨 것이다. 그 과정에서 사람들은 자신의 잠재의식에 '미키마우스는 곁에 늘 있어야 하는 존재'라고 학습했다.

관광지에서 관련 콘텐츠 상품을 사는 것은 단순한 재미 이상의 무언가가 있다. 그래서 컵을 모으는 사람도 있고 냉장고 자석을 수집하는 사람도 많다. 어디에나 있는 숍 안에 북적이는 사람들을 보면 콘텐츠 산업의 세밀함을 몸으로 체험할 수 있다. 지금 우리는 더 발전시킬 수 있는 무수히 많은 콘텐츠 산업들을 놓치고 있는지도 모른다. 이미 우리가 보유한 콘텐츠가 어마어마한 가치를 지니고 있는데 말이다.

## 전문성과 협업

엔터테인먼트 케이스를 다루면서 플로리다와 뉴욕, 실리콘밸리의 변호사가 효율적으로 협업했다. 그것은 각자의 전문성을 잘 살렸기에 가능했다.

모든 분야가 그렇듯 변호사도 본인의 전문 분야가 있다. 개인적 열망을 통해 스스로 전문 분야를 만들어가기도 하고, 원하지는 않았지만 시간과 경험이 쌓이면서 자연스럽게 그 분야에 대한 전문 지식을 갖게 되는 경우도 있다.

현실에서는 보통 본인의 의지와는 별개로, 첫 번째 직장의 담당 상사가 어떤 분야에 관심을 가지고 일을 리드해나가느냐가 앞으로 전문 분야의 운명을 결정하곤 한다. 어쩌면 이것은 익숙함과도 관련이 있다. 자의와 타의가 묘하게 얽히고설켜 사회적 운명이 되고,

그 안에서 우리는 전문 분야라는 익숙함을 만들어간다.

로펌을 만들어 운영하면서 법적으로 다루는 영역이 조금씩 늘어나자, 내가 이 많은 일들을 제대로 처리할 수 있을지 걱정과 불안이 마음을 무겁게 하곤 했다. 그리고 도저히 일의 양을 감당할 수 없을 지점에서야 비로소 깨달았다. 일을 나누어야 한다는 것을, 각각 가지고 있는 전문 분야를 이해하고 서로 맡겨야 한다는 것을 말이다. 일을 나누고 맡기는 것은 타인을 존중함으로부터 시작된다. 타인에 대한 불신이 존재한다면 일의 분배는 어렵다. 서로 간의 신뢰가 무엇보다 중요한 영역이다.

비즈니스를 이끌고 나가다 보면 미처 생각하지 못했던 다양한 일들과 부딪힌다. 혼자서는 할 수 없다. 일을 나누고 팀이라는 메커니즘 속에서 움직여야 한다. 그 메커니즘이 계획대로 움직일 때 비로써 목표한 바를 이룰 수 있다. 나는 이것을 몸으로 겪어가며 체득했다.

3월이 되면 이런저런 법률 관련 컨퍼런스가 많이 열린다. 여름이나 가을에는 여러 법을 종합해서 다루는 대형 컨퍼런스가 주를 이루지만, 봄이나 늦가을, 겨울에는 소규모 전문 분야 컨퍼런스가 이곳저곳에서 개최된다.

변호사는 라이선스를 유지하고 갱신하기 위해 CLE Continuing Legal Education에 참여하고 2년에 한 번씩 미국 변호사협회에 보고해야 한다. 컨퍼런스에 참여해서 CLE 크레디트를 모으고 새롭게 돌아가는 법의 흐름을 아는 것은 매우 유용하다. 미국 법은 판례를 중심으로 돌아가기에 새로운 판례에 예민할 수밖에 없다. 컨퍼런스는 이런 새로운 흐름과 판례를 한눈에 파악할 수 있는 기회의 장이다.

더구나 엔터테인먼트 분야는 이제 산업으로 이해하는 것이 적합하다. 엔터테인먼트 법이라기보다는 엔터테인먼트 산업에 관계되는 비즈니스 법과 지적재산권, 노동법 그리고 이민법까지를 총망라한다고 보면 된다. 그래서 관련 분야의 컨퍼런스를 통해 최신 동향을 아는 게 바람직하다.

KSEA NRC Northeast Regional Conference 2016에서 KITEE와 함께

CLE(노동법 학회 컨퍼런스)

2015년부터는 3D프린터에 관련된 이야기가 부쩍 늘었다. 물론 그 이전부터 3D프린터는 산업계의 큰 관심사였지만 비싼 가격이 문제였다. 하지만 값싼 3D프린터가 출시되고 대중화 단계로 접어들면서 인식이 바뀌었다. 그러고 보면 대중성은 역시 무섭다.

더 관심을 가져야 할 점은 3D프린터가 패션 산업과 결합하기 시작했다는 것이다. 미국 패션 산업은 국제 무역에서 1조 3,060억 달러 규모인데 미국 전체 산업에서 2.1%를 차지한다. 그만큼 거대한 산업이다. 미국에서 패션 산업을 얼마나 중요하게 생각하는지는 여러 법률에서 잘 드러나는데 이민법에서도 그것을 볼 수 있다.

미국은 이민의 나라로 불린다. 그만큼 이민법 체계가 발달했고 까다롭다. 그런데 미국에서는 패션모델을 H-1B3 비자 카테고리에 넣음으로써 패션모델이 자유롭게 미국을 드나들고 또한 패션 산업의 미국 진출에 편리하도록 돕고 있다. 이것은 패션산업의 국제적인 면을 명시적으로 보여주는 사례이다. 또한 까다로운 이민법 체계에서 특정 분야를 명시적으로 포함한 것은 상당히 이례적인 일이다. 그만큼 해당 분야의 산업적 중요성을 인식하고 있음을 보여준다.

그런데 이런 패션 산업이 3D프린팅이라는 새로운 기술과 만났다. 첨단 기술을 비즈니스에 적용하는 데 최고인 미국에서 이 흐름을 외면할 리 없다. 아마도 상당한 영향을 미칠 것이다.

변호사로 일하다 보면 로펌보다 클라이언트가 훨씬 빠르고 다양한 정보를 가지고 있음을 발견하고 놀라곤 한다. 전문적인 지식의 흐름을 클라이언트를 통해 들을 때는 상당한 긴장감을 갖게 된다. 자연스럽게 더 노력하고 공부해야겠다고 결심한다.

이민 관련 케이스로 나와 인연을 맺은 클라이언트가 한 사람 있다. 그는 이후 미국에 잘 정착했다. 그 이후 우리는 상표권, 저작권 등록, 팝업 스토어 기획 등의 일을 함께하면서 더욱 친밀해졌다. 패션 디자이너로 왕성한 활동을 하는 그분과 뉴욕 사무실에서 미팅을 가진 적이 있다.

"장 변호사, 다음 주에 한국에 들어간다고 하던데?"

"네, 3주 정도 다녀올 거 같아요."

"백남준 전시 준비는 잘돼?"

"하하, 바쁘죠. 그래도 정말 재미있어요."

"아. 내가 얘기했나? 예전에 한국 있을 때 예화랑에서 팝업 전시 했었다고?"

"아뇨. 아, 그러셨어요?"

대화를 하며 깜짝 놀랐다. 정말 놀라운 일이었다. 인연이 이렇게

도 이어진다는 생각이 들었다.

"응, 나도 청담동, 신사동 쪽에서 있었잖아."

"맞아요. 그쪽에서 숍하셨다고 들었습니다."

"예화랑, 지금은 따님이 하신다는데. 백남준 전시도 그분이랑 하는 거지?"

"네, 김방은 대표님이요."

"그럼, 예화랑 3대째네."

"그렇게 되네요. 이번 전시가 의미 있는 대중적 기획전이죠."

"팝업 전시 말이야…"

"네."

"이제 큰 거 아니면 꼭 해야 하는지 모르겠어."

"무슨 말씀이세요?"

"3D프린팅 때문에, 괜히 이곳저곳 나가서 노출만 되고, 잘못해서 디자인 쉽게 카피될까 봐."

"네. 요즘 전문 웹사이트도 많이 생기고 있어요. 인터넷상에 포럼도 많이 있어서 정보도 교환하고…"

그의 고민이 충분히 이해되었다.

"그러니 더 걱정이야."

"3D CAD 파일이 법적인 보호를 받느냐가 중요한 이슈입니다. 그리고 3D프린팅으로 만들어진 물건의 법적 제재 부분도 많이 논의되고 있어요. 그런데 아시는 것처럼, 패션 분야는 역사적으로 지적재산권 보호를 상대적으로 덜 받아왔어요."

"맞아."

실제로 패션 산업은 빠르게 트렌드를 읽는 것이 관건이다. 그러다 보니 디자이너의 창작력과 생산성을 높인다는 명분 아래 상대적으로 약한 지적재산권 보호를 받아왔다. Kal Raustiala & Christopher Speigman의 〈The Piracy Paradox: Innovation and Intellectual Property in Fashion Design〉 같은 논문을 보면 복제품은 각 개별 디자이너의 지적재산권 권리를 약화시키지만, 그와 동시에 전체 패션 산업에는 많은 긍정적 영향을 가져온다는 주장이 나온다. 복제품이 개별 디자이너의 창작력을 빠른 트렌드 산업안에서 자극하고 그로 인한 끊임없는 산업적 발전이 가능하다는 논리다. 물론 반박도 존재한다. Elizabeth Ferrill & Tina Tanhehco의 〈Protecting the Material World : The Role of Design Patent in the Fashion Industry〉에서는, 트렌디한 패션 산업에서 흐름을 따라가는 것은 필요하지만 전체 산업으로 보았을 때 그 충격이 가장 크게 느껴지는 곳은 신생 디자이너와 작은 디자이너 회사들이고 그 빠른 흐름 속에 복제품에 대한 제재에서 승소하더라도 실제적 보상을 받기 힘들다는 것이다. 이처럼 디자이너를 보호하기 위한 장치가 꼭 필요하다. 특히 3D프린팅의 대중화는 이런 제도적 개선을 더 시급하게 만든 계기가 되었다.

네 번째 쿼터 4Quarter

*entertain-*
*ment*
BUSINESS
LAW

백남준의 과거, 현재 그리고 미래

　매서웠던 겨울바람은 물러갔지만 꽃샘추위가 오는 봄을 시샘하던 2016년 3월, 나는 서울행 비행기에 올랐다. 백남준 쇼 준비의 본격화를 위해서이다. 그해 1월의 혹한을 기억하고 있던 나는 준비를 단단히 했었다. 하지만 시간은 머물러 있지 않는 법. 언 땅을 뚫고 나온 새싹들이 봄이 왔음을 보여주었다. 그리고 내 머릿속을 스쳐가는 생각이 하나 있었다. '아, 여름 전시가 얼마 남지 않았구나.'

　한 해 전인 2016년 6월, 백남준을 국가 브랜드이자 국제 문화 콘텐츠로 만들어야 한다는 예화랑 김 대표님의 열정 어린 목소리가 귀에 생생했다. 그때 나도 가슴이 벅차게 뛰는 걸 느낄 수 있었다. 그래서 다소 무모하다 싶었지만 전시 기획에 뛰어들었다.

한국에서 백남준을 국가 브랜드로 만들려고 노력했던 시도가 없었던 것은 아니다. 백남준 선생님께서 유명을 달리하신 2006년 이후 10년 동안 한국에서는 여러 전시회와 행사를 통해 그의 탁월한 예술세계를 조명하고자 했다.

2007년 여름 KBS 신관에서 열렸던 '백남준 비디오 광시곡'을 비롯하여 2009년 6월의 '신화의 전시-전자 테크놀로지' 등이 대표적이다. 용인에 백남준아트센터가 문을 열고 여러 작품을 상설 전시하게 된 것도 의미 있는 일이다.

2016년은 백남준 선생님의 서거 10주년이 되는 해이다. 그래서 선생님을 기리는 행사가 준비되고 열렸다. 내가 한국에 있던 3월에는 현대갤러리에서 추모 전시회인 '백남준, 서울에서'가 열렸고 상설 전시를 하던 백남준아트센터도 10주기 추모 특별전인 '뉴 게임 플레이'를 진행 중이었다.

전시 기획이 막바지인 무렵 나는 두 전시장을 여러 번 찾았다. 백남준이라는 브랜드를 만든다는 데 뜻을 함께한 전시회장을 둘러보며 가슴이 뿌듯해짐을 느꼈다. 같은 목표를 지향하고 같은 생각을 지닌 전시회장에서 남모를 편안함과 함께 긴장감도 느껴졌다. 지향

백남준 추모전이 진행 중인
현대갤러리

백남준아트센터

하는 바는 똑같더라도 표현하는 방식에는 차이가 있을 수 있기 때문이다.

우리가 기획한 '백남준 쇼'는 과거 속 백남준을 기념하는 차원이 아니다. 우리는 백남준을 우리나라가 배출한 뛰어난 아티스트 중 하나로서 추모해야 할 대상으로만 생각하지 않는다. 백남준은 과거를 살다가 떠났지만, 그의 예술혼은 현재에도 살아 있고 미래에도 여전히 빛날 것이다.

우리는 현재적이며 미래적 가치로서의 백남준을 재현하는 게 전시회의 목표가 되어야 한다고 믿었다. 그래서 현재의 우리가 백남준의 가치를 어떻게 잇고 또 발전시켜나갈지를 고민하는 자리를 만들고자 한 것이다. 이것이 '백남준 쇼'에서 우리가 보여주려고 하는 것이다. 그것을 통해 백남준이라는 국가 브랜드, 문화 콘텐츠가 만들어질 수 있다고 확신한다.

＋

제한된 자원과 우선순위를 고려한 비즈니스 설계

백남준 쇼 준비의 막바지 일정을 소화하고 3월 말 다시 뉴욕으

로 돌아왔다. 돌아오자마자 뉴욕 총영사관에서 '비즈니스와 지적
재산권 매니지먼트'에 관한 강의를 했다. 나는 변호사로서 비즈니
스 케이스를 다루면서 정립해온 생각을 솔직하게 이야기했다.

의뢰인과 함께 사안을 검토하다 보면 비즈니스가 수많은 요소들
이 유기적으로 얽혀 있는 미묘한 생명체임을 발견하곤 한다. 이런
유기적 요소들을 한 흐름으로 묶어 관리하는 게 비즈니스의 미학
인지도 모른다. 그러므로 비즈니스와 관련된 상법, 지적재산권, 노
동법, 이민법 등을 개별적인 주체로 받아들이지 않고 한 흐름 안에
서 이해하는 게 필요하다. 하나의 맥락으로 중심을 잡고 각 영역을
관리한다면 제한된 경영 자원을 분배할 때도 효과적이다. 이렇게
되기 위해서는 치밀한 비즈니스 설계가 필수적이다.

한국 기업이 미국으로 진출할 때, 한국에서 기존 사업을 전개할
때, 나처럼 전시 기획을 할 때 등 사업 전개의 거의 모든 경우에 현
재 어떤 부분을 성취하였고 남은 자원이 무엇이며 어느 정도 남았
는지를 항상 확인하는 태도가 필요하다.

내가 강의한 내용은 실제 사업을 하면서 부딪치고 고민했던 사
안이었다. 그래서인지 자리에 모인 경영자들은 눈을 빛내며 내 말
한마디 한마디에 집중했다.

뉴욕 총영사관
비즈니스와 지적재산권 매니지먼트 세미나

"지금부터는 장준환 변호사님께 15분 정도 질문하고 답변을 듣는 시간을 갖겠습니다."

강의가 끝나고 질의응답 시간이 시작되었다.

"강의 잘 들었습니다. 변호사님, 우리 회사 상황을 말씀드리고 조언을 듣고자 합니다. 우리 회사는 미국에 진출한 지 3개월 정도 되었고, 회사 설립은 뉴욕에 되어 있습니다. 이번에 유타 주 쪽에 있는 공장과 MOU를 하였고, 저희는 한국 지사의 미국 내 거점 역할을 하려 합니다. 한국에서 전문 인력이 유타 쪽으로 오가며 트레이닝을 해야 하는데, 어떤 방식으로 진행하면 좋을까요?"

한 분이 마이크를 잡고 질문을 했다. 비즈니스와 이민이 한데 묶인 경우다. 회사 설립을 하였고 MOU가 체결되어 미국에서 자리를 조금씩 잡아가고 있으며 이 과정에서 이민 관련 문제가 이슈로 등장했다. 하지만 비즈니스 설계가 없어서 뒤늦은 대응이 된 케이스이다. 한국에서 필요 인력이 오가는 부분은 회사 설립 당시에 준비하고 매듭지었어야 했다. 구조적인 면에서 이민을 위한 법적 연결고리를 만들고 이를 확인한 후 진행하는 게 바람직했다. 또한, 이런 경우에는 지배구조가 가장 큰 이슈가 될 수 있는데, 회사 설립 후 지배구조를 재정비하는 것은 생각보다 쉽지 않다.

"안녕하세요, 변호사님. 저희는 현재 특허 등록을 준비 중입니다. 그런데 특허를 여러 건 출원해야 하기 때문에 비용적인 측면에서 부담이 됩니다. 어떤 전략이 있을까요?"

사업을 시작하기 전 특허 문제를 해결하고 싶은데 비용이 만만치 않고 시간이 걸린다며 고민하는 사장님의 질문이었다. 비즈니스와 지적재산권이 한데 모였다면 이민보다 좀 더 복잡한 경우이다. 경영 자원이 풍족하다면 가능한 한 모든 특허권을 확보하고 충분한 시간을 가진 후 시장에 진입하면 된다. 하지만 그럴 만한 자원을 확보하고 있는 기업은 드물다. 그리고 특허권 처리 일정, 기술의 발전 속도 등 시간의 문제도 고려해야 한다. 특허 문제를 완벽하게 매듭 지으려 하다가 시장 진입 기회를 놓칠 수도 있다.

그러므로 이런 상황에 처한 기업은 전체적인 비즈니스 설계 하에서 전략적으로 움직여야 한다. 절대적으로 필요한 특허나 지적재산권은 최우선적으로 획득하고 다른 부분들은 별도의 방법으로 신속하게 보완책을 만들어야 한다. '영업 비밀Trade Secret'이나 '기밀 유지 협약NDA: Non-Disclosure Agreement' 등이 여기에 해당한다. 이렇게 빠른 속도를 유지하면서 시장에 들어오는 방법을 찾는 게 바람직하다.

나는 두 가지 질문을 받으며, 비즈니스의 유기적 성격에 대해서 새삼 되돌아보게 되었다. 각각의 사안만을 중심으로 생각한다면 해당 문제의 완벽한 해결을 위해 단계를 밟아가는 게 옳다. 즉, 이민 관련 문제나 특허 등록을 철저히 하면 된다. 하지만 사업 전체를 생각하면 그렇지 않다. 각 부분이 완성될 때까지 기다릴 수 없고, 이를 위해 무한정 자원을 공급하기도 어렵다. 전체를 아우르는 비즈니스 설계 아래 경영 자원의 제한성을 고려하여 우선순위를 세워야 한다.

강의와 질의응답이 끝나고 서로 명함을 교환하는 시간이 이어졌다. 한 사람이 내 쪽으로 다가왔고 조심스럽게 말을 건넸다.

"저, 변호사님. 잠깐 나가서 말씀 나눌 수 있을까요?"

공개적으로 질문하기 어려운 문제가 있는 모양이다. 나는 흔쾌히 허락했다.

"예, 그러시죠."

밖으로 나가 자리에 앉자마자 회사 상황을 설명했다.

"우리 회사는 현재 미국 쪽 시장성을 조사하는 중입니다. 한국과 중국 쪽 시장이 어느 정도 안정되면 미국으로 나오려고 하는데, 미리 준비해야 할 게 있을까요? 지금 현재 특허 등록과 몇 가지 인증 작업을 진행 중입니다."

그리고 노트북을 열어 내 쪽으로 돌렸다.

"우리 회사 웹사이트와 제품입니다."

"아, 네."

사장님의 열정은 높이 사지만, 나로서는 곤혹스러웠다. 이 회사는 비즈니스 설계가 이미 일단락된 상태에서 또 다른 방향Second Opinion을 모색하는 중이다. 이 회사를 담당하고 있는 로펌이나 변호사, 경영컨설턴트가 있을지도 모른다. 내가 성급하게 조언할 수 있는 성격이 아니다.

비즈니스 설계는 주관적이다. 경영 전략도 마찬가지다. 다양한 가능성과 견해를 바탕으로 깊이 생각한 끝에 내리는 주관적 의사결정이다. 어떤 목표에 도달하는 방법이 한 가지일 수는 없다. 그래서 이런 부분에 자문하는 것은 매우 난감하다. 이때는 의뢰인과 변호사 사이의 깊은 신뢰가 전제되어야 한다.

세미나는 끝났지만 이 일은 또 다른 인연을 맺는 계기가 되었다. 미국에 진출한 한국 중소기업들을 지원하는 역할을 맡은 중소기업진흥공단 미국 사무소Small & medium Business Corporation USA의 자문 변호사 겸 비즈니스 기획팀장을 맡게 된 것이다.

중소기업진흥공단은 그 이름에서 사업의 취지와 내용을 짐작할 수 있다. 한마디로 중소기업을 육성하고 지원하는 게 주된 역할이다. 중소기업이 당면한 문제들을 지혜롭게 해결하고 세계적 경쟁력을 높일 수 있도록 자금, 창업, 수출 마케팅, 연수, 기술 지원, 정보 제공 등의 사업을 수행하고 있다. 1978년 중소기업진흥법을 공포하고 이듬해인 1979년 1월 설립됐으며 40년 좀 못 되는 시간 동안 한국 중소기업과 성장을 함께해왔다. 2012년에는 금융 기능을 갖게 되었으며 2013년 12월에는 우리 로펌과 가까운 뉴저지에 해외유통망 진출지원센터를 설립했다.

중소기업진흥공단과 비슷한 일을 하는 곳으로 KOTRA가 있다. 이 두 기관은 한국의 수출 기업과 수출을 원하는 기업들을 지원하

중소기업진흥공단 미국 지사 법률 자문

면서 이들 기업의 해외 진출을 돕고 있다.

　나는 KOTRA 마이애미와 중소기업진흥공단 미국 사무소와 함께 일하게 된 것을 무척 영광스럽게 생각한다. 이를 통해 한국 기업들의 활발한 미국 진출을 도울 수 있기 때문이다. 실제로 이들 기관이 여러 경로를 통해 다양한 지원을 펼치고 있음을 발견했다. 회사 설립을 위한 보조금 지원이나 지적재산권 확보를 위한 비용 보조 등도 있고, 기업이 초기 비즈니스를 설계할 때 드는 로펌에 대한 자문료 지원도 일정 부분 있다. 하지만 조금은 아쉬운 생각이 들 때도 있다. 대부분의 지원 프로그램이 기업의 외국 진출 그 자체에만 초점을 맞춘 게 아닌가 하는 느낌 때문이다. 한국 기업의 미국을 비롯한 외국 진출은 어제오늘 일이 아니다. 이제는 정부기관의 지원 프로그램이 진출 그 자체보다는 사업 활성화의 단계로 진일보했으면 하는 바람이다.

　내가 많은 관심을 가진 문화와 엔터테인먼트 산업의 외국 진출이 한 사례가 될 수 있을 것 같다. 최근 '한류'라는 이름으로 엔터테인먼트 산업의 외국 진출이 힘을 얻고 있다. 이는 그 이전부터 있어 온 꾸준한 노력의 결과물이다. 그렇지만 문화 산업의 모든 부분에서 외국 진출이 힘을 얻은 건 아니다.

한식 세계화 사업은 문화의 세계 진출 시도 중 하나로 중요하게 추진되었다. '한식의 세계화'를 기치로 수많은 예산과 인력이 투입되었다. 그런데 성과가 없었다는 비판의 목소리가 나오면서 논란의 중심에 섰다. 나는 한식의 세계화라는 아이디어 자체는 좋았다고 본다. 단지 그것을 펼치는 방식이 고립적이었고 효과적이지 못했다는 생각이다.

나는 지금껏 17년째 미국에 살고 있다. 이제 미국의 생활문화가 몸에 익어서 그 다양한 측면이 눈에 들어온다. 내가 보기에 일본은 미국에서 이미 하나의 문화로 자리 잡았다. 미국 내 유명 도시 수목원에서는 일본식 정원을 어렵지 않게 찾을 수 있다. 워싱턴DC에서 열리는 벚꽃축제는 대규모 행사가 된 지 오래다. 일본 식당 역시 미국 어디를 가더라도 어렵지 않게 찾을 수 있다.

그런데 일본식 식당의 모습을 한마디로 규정할 수는 없다. 고급 일식당부터 서민이 부담 없이 즐길 수 있는 대중적 식당까지 다양한 형태로 존재한다. 그리고 이 식당 곳곳에서 일본 문화가 존재한다. 식당을 꾸민 인테리어, 다양한 진열품과 앙증맞은 그릇, 식당 안에 울리는 음악, 그리고 액세서리 등의 문화상품에 이르기까지 일본을 느낄 수 있도록 배치되었다. 이것은 일본 문화의 미국 진출이 종합적인 설계를 바탕으로 이루어졌음을 보여준다.

나는 단순한 진출 그 자체에 초점을 맞추지 말아야 한다고 생각한다. '어떻게' 진출해야 하며 어떻게 '유지'하고 '발전'시킬 것인지에 대한 총체적이며 장기적인 목표와 계획이 우선되어야 한다고 본다. 일본 음식을 중심으로 한 일본 문화의 광범위한 미국 진출은 그 모델 중 하나이다.

내가 판단하기에 실패 사례로 혹독한 비판을 받는 한식 세계화는 한식을 우리 문화의 다른 요소들과 결합하지 않고 무작정 외국에 한식당만 진출하면 된다는 식으로 접근했기 때문이다. 사실 음식 하나가 알려진다고 해서 국가 브랜드가 상승하지는 않는다. 이 것에 '진출'이라는 개념을 붙이는 것 자체가 무리이다. 말 그대로 하나만 알고 둘은 알지 못했던 좁은 판단이 아니었을까?

미국에서는 베트남 쌀국수나 태국 파타이 등이 한식보다 훨씬 유명하다. 그렇다고 해서 이들 나라의 국가 브랜드가 신장되었느냐 하면 전혀 그렇지 않다. 한식도 마찬가지일 것이다. 단지 그 나라 음식이 미국에서 팔리는 것 이상의 의미는 없다.

외국인이 그것도 유명인이 비빔밥이 맛있다고 엄지손가락을 세워 올리며 칭찬하는 장면을 보고 감동하는 데 그친다면 우리 문화의 세계적 브랜드화는 요원하지 않을까 생각해본다.

가수 싸이의 〈강남스타일〉은 미국을 비롯한 세계 전역에 한국 대중가요를 알린 큰 사건이었다. 하지만 여기서 더 나아가야 한다. 그 자체로는 문화 브랜드가 형성되지 않기 때문이다. 문화에는 여러 장르가 있고 그 문화를 둘러싼 여러 요소가 있다. 그런 요소들 없이 한 가지 부분의 성공으로 문화적 진출을 이야기하는 것은 좀 무리가 있어 보인다.

과거 〈마카레나〉라는 노래가 미국에서 〈강남스타일〉만큼의 인기를 끌었던 때가 있다. 가게마다 이 노래를 틀어놓는 바람에 거리는 온통 〈마카레나〉 열풍이었고 남녀노소 할 것 없이 마카레나 춤을 추었다. 그런데 이 노래가 어느 나라 뮤지션의 작품인지 정확하게 아는 사람은 몇이나 될까?

우리나라의 노래가 세계적으로 인기를 끄는 것은 정말 행복한 일이다. 하지만 그것 하나만으로는 그 나라의 문화적 브랜드가 되지 않는다는 사실도 냉정하게 고려하여야 한다. 노래 하나가 독자적인 인기를 끄는 것이지 문화 콘텐츠로서의 지속성은 갖기 힘들기 때문이다.

비즈니스도 같은 맥락에서 이해될 수 있다. 정부의 지원이 어느

한 분야로 쏠리는 현상은 이제 극복해야 한다고 본다. 한국 기업의 외국 진출이 제한적이던 시절에는 '진출' 그 자체에 초점을 맞추던 정책이 효과적이었을 것이다. 그래서 '회사 설립'이나 '지적재산권 등록' 등에 집중해서 지원함으로써 진출 가능성을 높일 수 있었다.

하지만 그다음은 철저히 그 기업의 몫으로 넘겨왔다는 게 문제다. 물론 '정부가 기업을 지원하는 게 옳으냐?' '옳다 하더라도 어느 정도까지 해야 하는가?' 등은 민감한 쟁점이 될 수 있다. 하지만 정부가 적극적으로 기업의 외국 진출을 돕는다는 전제에서 생각해보면 각도를 달리해야 한다.

생존과 번영을 위해 글로벌 시장으로 나가는 기업들을 도와 경제를 활성화시킨다는 목표를 가졌다면 진출 그 자체만 돕고 그 이후의 모든 과제는 각자의 생존 역량에 맡기는 방식은 이제 지양할 필요가 있다고 본다. 그보다는 수출 기업들의 비즈니스 설계를 체계적으로 지원하여 그들이 생존과 성장 역량을 갖도록 해야 하지 않을까?

한 가지 예를 들어보겠다. 외국에 진출한 기업들은 그 나라와 지역의 법률, 시장 환경, 문화 등의 특수성에 맞게 비즈니스를 해야 한다. 미국에 진출한 기업이라면 소속된 주의 주법에 맞는 비즈니스 설계가 필요하다. 그런데 해당 주와 경제적 협력을 하는 것은 회사 차원에서는 추진할 수 없는 과제이다. 국가 차원의 지원이 필요한 사안이다. 이런 상황에서 기업들이 새로운 환경에서 잘 적응할 수 있도록 주변 시스템을 정비하고 법적 장치를 구축해주는 역할은 매우 절실하다.

기업의 외국 진출이든 문화의 외국 진출이든, 원대한 비전을 품고 전체적이고 장기적인 안목에 따라 입체적인 지원과 노력이 이루어져야 할 것이다. 그래야 우리 것이 브랜드로 성장하고 세계인의 사랑을 받을 수 있으리라 본다.

*entertain-
ment*
BUSINESS
LAW

백 남 준 쇼 , 드 디 어 개 막

2016년 여름은 한국인에게 가장 혹독한 무더위로 기억될 것이다. 6월 말 일찍 시작된 무더위는 식을 줄 몰랐고 비가 내리지 않는 마른장마가 이어지면서 폭염의 찜통이 사람들을 지치게 했다.

나는 '백남준 쇼'가 무더위 속에 청량감을 안겨주리라 기대하면서 인천공항행 비행기에 올랐다. 7월 20일 개막 기자회견Press Conference에 맞춘 일정이었다. 기자회견이 끝나면 7월 21일부터 백남준 쇼가 시작되고 102일간의 전시가 이어진다.

나는 설레는 가슴을 진정시키며 내가 가장 좋아하는 비행기 좌석에 앉았다. 다른 사람들이 싫어하는 자리니 차지하기가 어렵진 않다. 47K. 맨 뒷줄 창가 자리다. 비행기가 떠오르고, 나는 그 자리에 앉아 모니터로 〈20세기 미술의 거장 피카소〉라는 다큐멘터리를 보았다.

다큐멘터리의 나레이터는 피카소가 지금의 피카소로 성장할 수 있었던 가장 확실한 이유를 들려주었다. 그의 아버지가 피카소의 재능을 알아보고 집중적으로 육성했기 때문이라고 한다. 피카소의 아버지는 피카소의 미래를 보았고 이것을 구체적으로 설계했으며 투자를 아끼지 않았다.

물론 피카소는 남다른 재능을 타고났다. 이 천재성이 바탕이 되어 세계적 화가로 발돋움할 수 있었다는 건 부인할 수 없는 사실이다. 하지만 그 잠재성 하나만으로 한 시대를 풍미하는 미술의 거장이 될 수 있었을까? 나는 그렇지 않다고 본다. 그보다는 아버지의 비즈니스 설계와 전폭적인 지원이 성공을 거둔 측면이 강한 것이라 판단한다.

모니터에는 피카소의 10대 후반 방황하던 시절의 이야기가 나왔다. 마약과 술, 창녀들과 얽힌 일화들이 잠깐 나왔지만 이에 관한 한 국어 자막이 빠져 있다. 아마 의도적으로 그렇게 한 것 같다. 그리고 화면은 20대의 피카소로 넘어간다. 그는 사진이라는 새로운 시대적 흐름에 맞추어 화법을 바꾸었다. 나는 그것이 예술가로서 생존과 발전을 위한 전략적 선택이었다고 본다. 다분히 비즈니스적 성향이 강했던 것이다. 이 전략은 절묘하게 맞아떨어졌다. 천재성과 비즈니스 설계가 맞물리면서 피카소라는 최고의 브랜드가 탄생한 것이다. 그리고 그 가치는 지금까지 이어지고 있으며 앞으로도 퇴색하지 않을 것이다.

비즈니스에서 '라인을 탄다'는 말이 있다. 이것은 리스크 테이킹Risk-taking을 의미하는 영어의 한국식 표현이다. 비즈니스의 성공을 위해서는 위험을 인정하고 그것을 감수해야 한다. 비즈니스의 생명은 결과에 있다. 과정이 중요하다고 하지만 이 과정조차도 결과로 평가를 받는다. 과정이 중요하다는 생각은 결과에 대한 자기 도피처를 제공함으로써 결과를 향해 자신이 지닌 모든 에너지를 쏟아내는 것을 방해하곤 한다. 세상 모든 일이 그렇듯 비즈니스의 진행 과정에는 리스크가 존재한다. 이것을 만났을 때는 피하거나 멈추고 싶은 생각이 든다. 이것은 자연스러운 감정이다. 하지만 이때 '이 정도면 됐어. 과정이 중요한 거야'라는 마음을 품는다면 포기가 빨라진다. 그리고 그 포기에 대한 정당성을 부여하고 심지어는 긍정적으로 해석하게 된다.

하지만 반드시 결과를 내야 한다는 의지를 갖고 있다면 다르다. 자신의 선택과 행동에 대헤 책임을 지려는 자세가 뒤따른다. 한 번이라도 결과를 내본 사람은 포기를 정당화하기보다는 긍정적 결과를 내기 위해서 최선을 다한다.

내가 속해서 일하는 법률의 영역도 마찬가지다. 법률은 모든 게 확실할 것 같다. 물론 규정 자체는 명확하다. 하지만 현실의 상황에 따라 해석되기 때문에 흑과 백보다는 회색에 가깝게 적용될 때가 많다. 불확실성과 리스크가 케이스를 압도한다. 그렇지만 결과를 내야 한다. 같은 회색이라도 검은색에 가까운지 흰색에 가까운지를 해석하는 것이다.

1년여의 시간 동안 나는 열정을 바쳐서 '백남준 쇼'를 준비해왔다. 뉴욕과 서울을 오가야 하는 제약이 있었지만 그것을 극복하고 최선의 결과를 내기 위해 노력했다. 훌륭한 비즈니스 설계와 기획을 내놓기 위해 끊임없이 고민했다. 또한 발전적인 아이디어를 창조하기 위해 생각을 멈추지 않았다. 이제 결과로서 그것을 평가받을 순간이 오고 있다.

백남준 쇼 개막 기자회견

## 한국 문화 콘텐츠의 부흥을 기대하며

2016년 7월 21일부터 2016년 10월 30일까지 동대문디자인플라자에서 열리는 백남준 10주기 특별 전시 '백남준 쇼'는 백남준이라는 세계적 문화 콘텐츠의 가치를 재확인하고 현재와 미래로 이어가기 위한 획기적 시도이다.

물론 백남준 선생님의 작품과 그의 예술세계가 모든 사람에게 최고의 국가 브랜드로 받아들여질 수는 없다. 하지만 외국에서는 백남준 선생님의 대중적 가치가 높고 작품세계가 크게 존중받는 점을 고려해야 한다. 우리는 작품의 바탕이 되는 정서를 공유한다는 점에서 더욱 좋은 환경 요소를 가지고 있다. 그러므로 백남준이라는 문화 아이콘을 잃어서는 안 된다. 그러기에 백남준을 한국의 문화 브랜드와 콘텐츠로 만들 수 있는 총체적 비즈니스 설계와 전략이 필요하다. 피카소를 세계의 예술가로 성장시킨 아버지의 전략과 지원이 지금 백남준의 예술에도 요구되는 것이다.

우리는 문화 콘텐츠를 발굴하고 발전시킬 수많은 가능성을 안고 있다. 입체적인 전략 하에서 한식 세계화를 다시 추진해볼 수도 있고 다른 문화적 요소들을 발굴하여 세계에 드러낼 수도 있다. 현재의 대중음악뿐만 아니라 전통이 스며든 국악, 현대미술과 전통미술, 패션에 이르기까지 전 방위적으로 외국 진출을 모색할 수 있으며 이를 위한 다각도의 노력이 진행되고 있다.

그런데 나는 이 노력을 뒷받침하는 시스템이 필요하다고 믿는다. 원대한 비전을 토대로, 해외 진출과 뒤따르는 리스크의 극복 및 성장 과정까지 이어지며, 연관되는 각 요소를 아우르는 총체적인 비즈니스 설계가 갖추어져야 한다.

전 세계를 시장으로 삼는 엔터테인먼트 비즈니스와 문화 콘텐츠 전략은 법률과 떼려야 뗄 수 없다. 상법이나 노동법뿐만 아니라 지적재산권이나 이민 같은 민감하고 복잡한 사인이 한데 어우러진 복합적 영역이다. 국가 간 장벽이 허물어지고 거래 환경이 상상할 수 없이 다양해지는 현대사회에서 비즈니스와 법률의 유기적 관계는 한층 더 가속화되고 있다.

변호사인 나는 지난 1년여를 비즈니스 기획, 더 세밀하게는 아트와 엔터테인먼트 기획의 세계를 만났고 그 속에서 바람직한 지향점을 찾기 위해 땀 흘려왔다. 그리고 기획팀장으로서 변호사가 무엇을 해야 하는지 알게 되었다.

한 번의 전시회로 모든 것을 얻을 수는 없다. 이제 출발점에 섰다. 백남준 선생님의 작품과 예술세계가 앞서나가는 애호가의 범위를 넘어 대중적 가치를 얻고 전 세계로 뻗어나갈 수 있는 묘책을 찾기 위해 앞으로도 노력할 것이다.

더 나아가 우리의 문화 콘텐츠가 전 세계 인류의 가슴을 파고들며 웃음과 감동, 즐거움과 희망, 추억과 의미로 각인되며 고갈되지 않는 화수분이 되는 데 크게 기여하고 싶다. 그것이 변호사인 동시에 비즈니스 기획자를 자임하는 나에게 주어진 사명이라 믿는다.

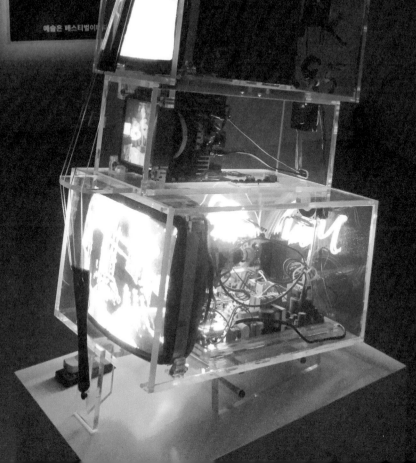

# 뉴욕 변호사, 기획을 만나다
뉴욕 로펌의 1년을 1시간에 경험한다

1판 1쇄 인쇄  2016년 9월 12일
1판 1쇄 발행  2016년 9월 20일

지은이  장준환
펴낸이  최준석

펴낸 곳  한스컨텐츠㈜
주소  서울시 마포구 동교로 136, 401호
전화  02-6959-0000
출판신고번호  제313-2004-000096호  신고일자  2004년 4월 21일

ISBN  978-89-92008-64-8 (03320)